NZZ LIBRO

Patrick Hofstetter,
Thomas Vogel,
Reto Wegmann

Auftrag. Mensch. Organisation.

Führung zwischen Chaos und Perfektion

Mit einem Vorwort von KKdt Thomas Süssli,
Chef der Schweizer Armee (2020–2025)

NZZ Libro

Der Verlag NZZ Libro wird vom Bundesamt für Kultur mit einem Strukturbeitrag für die Jahre 2021–2025 unterstützt.

FSC
www.fsc.org
MIX
Papier | Fördert gute Waldnutzung
FSC® C140820

Bibliografische Information der Deutschen Nationalbibliothek:
Die Deutsche Nationalbibliothek verzeichnet diese Publikation in der Deutschen Nationalbibliografie; detaillierte bibliografische Daten sind im Internet über http://dnb.d-nb.de abrufbar.

Covergestaltung: icona basel gmbh, Basel
Korrektorat: Ruth Rybi, Gockhausen-Zürich
Gestaltung Infografiken: Dave Dennenmoser, Biel
Layout, Satz: Claudia Wild, Konstanz
Druck: Prime Rate Kft., Budapest
Printed in the EU
Herstellerinformation: Schwabe Verlagsgruppe AG, NZZ Libro,
St. Alban-Vorstadt 76, CH-4052 Basel, info@schwabeverlag.ch
Verantwortliche Person gem. Art. 16 GPSR: Schwabe Verlag GmbH,
Marienstraße 28, D-10117 Berlin, info@schwabeverlag.de
ISBN Print 978-3-03980-033-9
ISBN E-Book (PDF) 978-3-03980-034-6
ISBN E-Book (epub) 978-3-03980-061-2

www.nzz-libro.ch
NZZ Libro ist ein Imprint der Schwabe Verlagsgruppe AG.

Inhalt

Vorwort

In meiner zivilen Karriere habe ich viele Lukas Weber getroffen – und ich war selber einer. Voller Ideen, beruflich in der Selbständigkeit, ehrgeizige Hobbys und Projekte. Vor allem während meiner Zeit als Bataillonskommandant litt die Firma durch meine langen Abwesenheiten. Umgekehrt brachten mich das Gelernte und vor allem die Führungserfahrung auch beruflich weiter.

Gleich nach der Generalstabsausbildung hatte ich ein Mandat bei der Deutschen Börse Gruppe. Es ging darum, in nur einer Woche die Skalierbarkeit eines Geschäftsmodelles zu beurteilen. Ich ging vor wie gelernt. Zeitplan, Sofortmassnahmen, Problemerfassung, Gegenüberstellung von Faktorengruppen und Ableitung von Aussagen, Erkenntnissen und Konsequenzen. Schliesslich am Freitag die Präsentation vor dem Vorstand in Stabsmanier. Daraufhin der Vorsitzende: «Mensch, Süssli, wo haben Sie das gelernt?»

Meine Antwort war kurz und kam rasch: «In der Schweizer Armee.» Genauer gesagt war es militärische Stabsarbeit. Sie ist vielleicht der unterschätzte USP der Schweizer Armee. Dort wird geübt, was im Ernstfall unverzichtbar ist – und was auch im zivilen Umfeld enormen Wert entfalten kann: mit wenig Informationen und unter Zeitdruck für den Kommandanten brauchbare Entschlüsse in Varianten vorzubereiten. Lieber rechtzeitig einen brauchbaren als zu spät den vermeintlich perfekten Entschluss.

Während ich in der Wirtschaft oft erlebt habe, dass eine Problemerfassung ausgelassen oder vorschnell vereinfacht wurde, ist es im Militär Alltag, das Problem zu erfassen – de quoi s'agit-il? – und zu strukturieren. Das Denken in Varianten – eine Stärke, die ebenfalls im zivilen Kontext selten so konsequent gelebt wird – ermöglicht einen strukturierten Entscheid und zeigt Stärken und Schwächen des schliesslich gewählten Vorgehens.

Führung bleibt dabei immer ein zutiefst menschliches Geschäft. Für mich verdichtet sie sich in den fünf V von Leadership:

- Vorbild sein, weil ohne dieses alles andere nichts ist;
- Vision geben, weil Menschen Sinn brauchen;
- Verständnis zeigen und Wertschätzung geben;
- Vertrauen schenken, damit Auftragstaktik funktionieren kann;
- Verantwortung übertragen und Resultate einfordern.

Der grosse Unterschied zur zivilen Führung liegt darin, dass in der Armee im Extremfall der Auftrag unter Einsatz des eigenen Lebens erfüllt werden muss.

All das lässt sich ausgezeichnet auf das zivile Umfeld übertragen. Genau darin liegt die Stärke dieses Buches: Es schlägt Brücken zwischen militärischen Konzepten und zivilen Erfahrungen, zwischen Präzision und Pragmatismus, zwischen Menschen, Auftrag und Organisation.

Ich wünsche den Leserinnen und Lesern, dass sie in den Geschichten von Lukas Weber und den Konzepten, die wir entfalten, Anregungen für ihre eigene Führungsarbeit finden – ob im Unternehmen, in einer Behörde, im Verein oder im Start-up. Denn gute Führung kennt keine Uniform.

Im Oktober 2025 KKdt Thomas Süssli, Chef der Armee

1 Eine komplexe Welt

Lukas Weber jongliert – nicht mit Bällen, sondern mit Lebensentwürfen. CTO in einem Tech-Start-up, Zugführer in der Armee, Gitarrist in einer Punkband und Mitbewohner seiner Freundin Sofia, die als Assistenzärztin am Unispital meist müder ist als er. Der 28-Jährige aus Luzern hat Informatik an der ETH Zürich studiert – bis zum Bachelor. Den Master liess er bleiben, weil das «echte» Leben spannender wurde als die Vorlesungen.

Seit fünf Jahren bastelt[1] Lukas mit ein paar Mitstreitern an *Eonify*, einem Start-up für KI-gesteuerte Cybersicherheitslösungen. Klein, selbstfinanziert, idealistisch. Emma – Studienfreundin und CEO – hält den Betrieb zusammen, Lukas schiebt als Technikchef Nachtschichten. Die Kunden sind zufrieden, die Investoren noch zögerlich: Der letzte Pitch am Swiss Startup Day blieb ohne Handschlag. Aber wer aufgibt, gründet kein Start-up.

Nebenher ist Lukas Oberleutnant im Infanteriebataillon 25. Die Offizierslaufbahn war kein Jugendtraum, eher eine pragmatische Entscheidung mit Umwegen. Heute leistet er seine WKs zuverlässig – es sei denn, ein Software-Release kollidiert mit dem Marschbefehl. Dann wird improvisiert – der Spagat wird weiter.

Wenn der Kopf raucht, greift Lukas zur Gitarre. *Zurich Voltage* nennt sich seine Band mit zwei ETH-Kumpels: Punkrock mit

Schweizer Folklore, laut und gesellschaftskritisch. Songs wie Encrypt the State oder Firewall of Noise laufen in kleinen Zürcher Klubs. Der Bandraum ist klein, die Ambitionen gross, die Proben sind nicht so regelmässig, wie sie sollten – Jobs, Termine, das Leben eben. Doch meistens passt alles rein. Irgendwie.

Willkommen in der Welt von Lukas Weber.

Es könnte so *einfach* sein, wenn es nur nicht so *kompliziert* wäre. Wobei *komplex* die Sache eigentlich schon eher trifft – so viel hat er in den Vorlesungen noch mitgekriegt. Solange es nicht ins *Chaotische* kippt, auch das hat er gelernt. In der Theorie.

Lukas könnte auch Arben heissen oder Dupont statt Weber, aus Lodrino stammen, eine Frau sein, eine Lehre mit oder ohne Fachhochschulabschluss hinter sich haben, einen Pop-up-Foodtruck statt ein IT-Start-up lancieren, Filme statt Musik machen, Single oder verheiratet sein – das ist letztlich unerheblich. Er steht für alle jene engagierten, motivierten, zuweilen überforderten, übermüdeten, aber positiven und kreativen Menschen in unserem Land, die Dinge tun wollen – und es immer wieder tun.

Wir – die drei Autoren – haben uns Lukas Weber, sein Startup und sein Umfeld ausgedacht. Dabei ist eine autobiografische Note nicht von der Hand zu weisen; wir kennen seine Hobbys und Ambitionen, Sorgen und Hoffnungen, aus persönlicher Erfahrung oder aus unserem Umfeld. Wir hoffen, ihm damit eine gewisse Authentizität zu verleihen. Eines ist Lukas Weber aber nicht: Er ist weder Vorbild noch Idealtyp. Er ist nur eine Kunstfigur, die uns auf der Reise durch unser Buch begleitet.

Damit versuchen wir das aufzufangen, was uns in vielen Ratgebern auffällt: All die Modelle, Tipps und Listen sind ja schon nett, aber in der Praxis ist es dann doch nicht so einfach. Stimmt, das ist es nicht. Aber Lukas zeigt uns, wie er sein Wissen nutzen kann, auch wenn es nicht einfach, sondern komplex ist. Und dass Perfektion nicht möglich ist – aber manchmal eine hilfreiche Ambition darstellt. Lassen wir uns auf eine Reise ein.

1.1 Einfach, kompliziert, komplex, chaotisch

«Mit einem Hammer in der Hand sieht jedes Problem wie ein Nagel aus»: Diese Beobachtung – bekannt als «Maslows Hammer» – geht auf den Psychologen Abraham Maslow zurück, der vor allem für seine Bedürfnispyramide bekannt wurde.

Maslows Hammer ist eine plakative Vereinfachung, doch er erinnert uns an eine zentrale Einsicht: Unterschiedliche Probleme erfordern unterschiedliche Lösungsansätze. Einen Baum mit einer Nagelfeile zu fällen, ist ebenso unsinnig wie Maniküre mit der Motorsäge. Schon lange unternimmt die Management-Literatur Versuche, Probleme systematisch zu kategorisieren – doch dabei ist Vorsicht geboten.

Solche Modelle sind häufig wie Maslows Bedürfnispyramide: eingängig in der Praxis, aber wissenschaftlich nur schlecht fundiert. Andere mögen wissenschaftlich akkurat sein, aber schwer verständlich oder praxisfern. Wie können wir uns also für oder gegen ein Modell entscheiden? Wir nehmen dazu den britischen Statistiker George Box zum Massstab: «Im Grunde sind alle Modelle falsch, aber manche sind nützlich.»[2] Genau das ist auch unser Anspruch für dieses Buch: Wo Theorien und Forschungsergebnisse unsere Vorschläge stützen, greifen wir sie auf. Im Kern aber ist dies ein Praxishandbuch – entscheidend ist, welche Modelle sich in unserer Erfahrung, Anwendung und Ausbildung bewährt haben.

Abbildung 1 stellt unser bevorzugtes Modell zur Problemkategorisierung vor. Es orientiert sich an Konzepten aus dem agilen Projektmanagement, insbesondere SCRUM. Dazu verbindet es die Entscheidungsformen nach Ralph Stacey[3] mit dem Cynefin-Framework von Dave J. Snowden und Mary E. Boone[4], das vier Kontexttypen unterscheidet. Die hier verwendeten Bezeichnungen haben wir im Sammelband *Krisenmanagement Schweiz*[5] eingeführt. Die horizontale Achse zeigt, wie klar der Lösungsweg ist – von eindeutig (links) bis unklar (rechts). Die vertikale Achse stellt die Zielklarheit dar – von klar (unten) bis unklar oder umstritten (oben).

Unserer Erfahrung nach sind Probleme im Führungsalltag meist *komplex.* In solchen Situationen führen *heuristische Entscheidungsfindungen* häufig zum Ziel. Das vorliegende Buch zeigt Schritt für Schritt auf, wie ein solches Vorgehen aussieht.

Es gibt aber auch Probleme, die lediglich *kompliziert* oder sogar *einfach* sind. Wer ihnen mit denselben Methoden begegnet, riskiert von Maslows Hammer erschlagen zu werden: Für einfache Probleme sind heuristische Verfahren reine Ressourcenverschwendung.

Gleichzeitig gilt: Wer *chaotische* Probleme direkt mit Lagebeurteilungen, Variantenentwicklungen und anderen in diesem Buch vorgestellten Schritten angeht, wird vom Chaos überrollt. Im Chaos ist entschlossenes Handeln das oberste Gebot.

Weil diese Unterscheidungen grundlegend sind, erläutern wir sie hier an Beispielen aus Lukas' Berufs- und Privatleben. Damit zeigen wir auf, dass dieses Handbuch nicht auf ein bestimmtes Anwendungsfeld beschränkt ist.

Die Batterie im Overdrive-Verzerrer von Lukas' Gitarre ist leer.

Die kurzfristige Zusage einer Investorin verursacht einen Terminkonflikt mit einem internen Workshop.

Einfache Probleme, keine Frage. Das bedeutet allerdings nicht, dass es nur eine Lösung gibt. Ist eine Ersatzbatterie da, wird sie

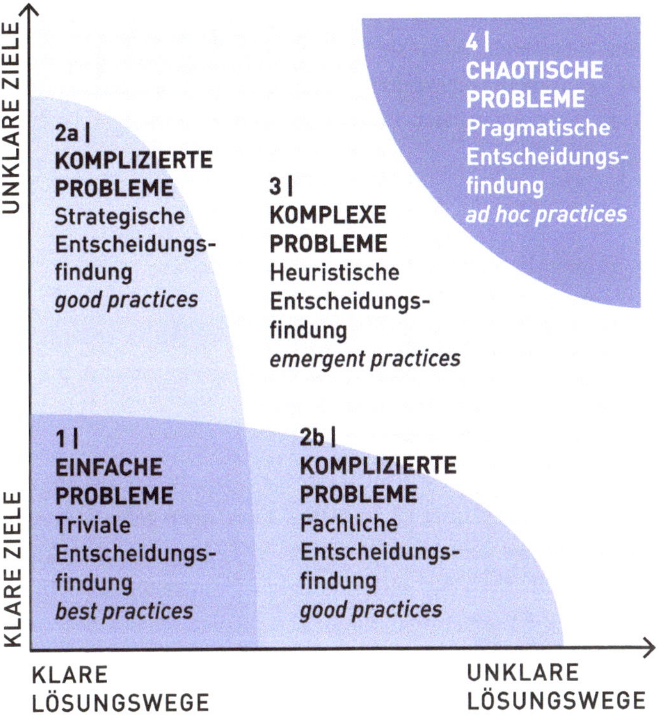

Abbildung 1: Unterschiedliche Probleme erfordern unterschiedliche Lösungsansätze.

einfach eingesetzt. Falls nicht, kann Lukas für den Rest der Bandprobe einen anderen Verzerrer (Distortion statt Overdrive passt auch) nutzen. Oder er tauscht je nach Song die Batterie zwischen beiden Geräten. Das ist zwar mühsam, aber die Lösungen sind immer noch *trivial*. Der Weg ist klar, das Ziel ist es auch.

Der Workshop könnte vor oder nach dem Termin stattfinden. Wenn kein Zusammenhang besteht, spielt das keine Rolle. Andernfalls gibt es je nach Inhalt des Workshops und Erwartung der Investorin eine *Best Practice*: Will sie über den Fortschritt orientiert werden, sollte der Workshop vorher stattfinden. Bringt sie neue Verbindungen oder Ideen ein, sollte der Workshop danach erfolgen. Wenn sie beides beabsichtigt oder die Agenda von Emma keine rechtzeitige Verschiebung erlaubt, dann wird es *kompliziert*. Da müssen Prioritäten gesetzt und Folgen bedacht werden.

Lukas übt das Intro und Solo 2 von Sweet Child o' Mine, um auch einen Guns N' Roses-Hit abdrücken zu können.

Vor jedem Release müssen alle Tickets im JIRA-Board mit der richtigen Fix Version versehen, alles sauber getestet und dann die Release Notes geschrieben werden.

Beides wirkt *kompliziert*, nicht nur für Menschen ohne Ahnung von Gitarrenspiel oder IT-Start-ups. Tatsächlich geht es weniger darum, ob das Solo oder die einzelnen Tickets technisch kompliziert sind; das hängt auch von Lukas' Fähigkeiten ab. Wir bezeichnen die Problemstruktur als kompliziert, weil es zwar *gute*, aber nicht unbedingt *beste Praktiken* gibt. Lukas kann Intro und Solo per Versuch und Irrtum erlernen: ein paar Sekunden hören, nachspielen, zurückspulen. Oder er zerlegt das Solo, analysiert es, misst mit dem Metronom. Er kann auch mit dem Hauptmotiv anfangen, von dort intuitiv weiterarbeiten und den Einstieg am Schluss üben. Methodik und Erfahrung sind hilfreich – und wie wir später sehen werden: Es ist einfacher, eine schlechte Praxis als solche zu erkennen, als eine gute Praxis festzumachen (Kapitel 5.1).

Dasselbe gilt für das berufliche Beispiel: Der Release kann prozessorientiert mit Checklisten oder aufgabenbasiert nach Rollen gestaltet werden. Auch ein automatisierter, softwaregestützter Ablauf ist denkbar.

Mit Blick auf Abbildung 1 halten wir fest, dass die *Ziele* in beiden Fällen klar sind: eine überzeugende Leistung, ob im

Release oder an der Gitarre. Die *Wege* sind hingegen zu Beginn unklar. Es könnte jedoch auch umgekehrt sein.

Pesche ist nicht einverstanden, er findet Sweet Child o' Mine zu flach. Er plädiert für You Could Be Mine – bekannt aus Terminator 2. Klar, ihm als Drummer gefallen die komplexen Fills und dynamischen Tempowechsel besser als der alte MTV-Hit.

Jetzt wird's *kompliziert* – aber im anderen Sinn. Es geht nicht darum, wie die Gitarrensoli oder die Drum-Fills geübt werden; der *Weg* ist für diese Entscheidung klar oder zumindest nebensächlich. Zur Debatte steht das *Ziel*. Wir sprechen deshalb von einem *strategischen* Entscheid – im übertragenen Sinn. Es geht nicht um den möglichen politischen Inhalt der Songs.

Gewiss, der könnte auch berücksichtigt werden, wenn Miro als Bassist einwerfen würde, das Frauenbild in *You Could be Mine* sei rückständig[6]. Pesche könnte ihm dann vorwerfen, er sei überempfindlich für ein Mitglied einer Punkrock-Band. Lukas würde sich dann auf die Seite von Miro schlagen, aber aus musikalischen Gründen – dann wird es *komplex*. Da wir nicht wissen, ob dieser Streit gut ausgeht, lassen wir ihn bleiben und betrachten zwei *komplexe* Probleme, die uns lehrreicher scheinen.

Max mit seiner Trompete und Annina mit ihrem Handörgeli besuchen die Probe für eine Jam-Session. Seit Längerem sprechen sie darüber, «etwas gemeinsam auf die Beine zu stellen».

Ein Kunde meldet einen angeblichen Sicherheitsvorfall mit widersprüchlichen und unvollständigen Informationen. Die Logs bei *Eonify* zeigen hingegen ein anderes Bild.

Komplexe Systeme zeichnen sich dadurch aus, dass die Zusammenhänge zwischen Ursache und Wirkung nicht vollständig durchschaubar sind. Häufig lässt sich im Nachhinein zwar erklären, was weshalb wie gekommen ist. Doch im Moment des Entscheids bleiben *Wege* und *Ziele* zu einem gewissen Grad ungewiss. Dave Snowden und Mary Boone haben die folgende Unterscheidung vorgeschlagen:

- Einfache Probleme bestehen aus bekannten Bekannten;
- komplizierte Probleme umfassen auch bekannte Unbekannte;
- komplexe Probleme beinhalten zudem unbekannte Unbekannte.

Nassim Nicholas Taleb hat dafür den anschaulichen Begriff des *Schwarzen Schwans*[7] geprägt: Niemand rechnet mit seiner Existenz, bis er auftaucht – und im Rückblick scheint alles vorhersehbar gewesen zu sein (eine typische Wahrnehmungsverzerrung – siehe Kapitel 4.3.1).

Solche Probleme gehen wir mit *emergenten,* das heisst sich entwickelnden *Praktiken* an; die Lösung erscheint nach und nach – nicht als Plan, sondern als Prozess.

Die Jam-Session läuft keine 30 Minuten, da ist allen klar: Das Handörgeli passt wunderbar zu den Folk-Elementen von *Zurich Voltage*. Anders die Trompete; Max spürt, dass sie nicht harmoniert. Etwas enttäuscht lässt er sich ins Sofa fallen und studiert den Bandraum.

«Du, was ist das hier?», fragt Max und zeigt auf ein Gerät am Boden. «Ein Vocal-Effektgerät. Boss VE-20. Cooles Teil, hat mir Sofia zu Weihnachten geschenkt. Aber passt leider nicht zu unserem Sound.»

Die Augen von Max beginnen zu leuchten: «Funktioniert der auch mit Trompete?» Er hat offensichtlich eine Idee. Keiner hätte es für möglich gehalten, aber mit Octaver, EQ und Reverb verwandelt sich die Trompete tatsächlich ... in ein Alphorn!

Die Truppe lacht, staunt, spielt – und weiss sofort: Das wird der Hammer.

Auch beim Problem mit dem Kunden wird Lukas nur schrittweise zu einer Lösung finden. Dabei stehen mehrere Entscheide an. *Heuristiken* – also praktische Entscheidungsregeln – kommen gerade bei fehlenden Informationen, unübersichtlichen Lagen und unter Zeitdruck zum Zug. Heuristiken sind erfahrungsbasiert: Lukas hat gelernt, zuerst die Zeitverhältnisse zu prüfen: Er konzentriert sich auf die einzige Log-Anomalie, die mit der Kundenschilderung zeitlich übereinstimmt. Eine weitere Faustregel: Im Kundendossier nach früheren Problemen suchen – das bringt oft wertvolle Hinweise. Und nicht zuletzt: den Kunden nach zwei Stunden nochmals kontaktieren – denn oft tauchen neue Hinweise auf oder die Lage klärt sich gar kundenseitig.

Auch in der Jam-Session selbst spielen musikalische Heuristiken eine Rolle: Wo C-Dur vorkommt, passt meistens auch etwas in a-Moll – selbst wenn Lukas die Musiktheorie dahinter nicht kennt. Tönt der Sound matschig, drehen wir die Bässe überall etwas runter. Und wenn es insgesamt mies tönt, müssen meistens die Vocals lauter und der Bassist leiser werden, warum auch immer.

Im besten Fall lösen sich komplexe Probleme von selbst; aber nicht immer steht ein passendes Effektgerät als Deus ex Machina bereit. Je nach Situation kennen wir nicht einmal passende Heuristiken. Mit solchen Fällen setzt sich der Grossteil dieses Buchs auseinander. Das iterative Vorgehen von *A1 Problemerfassung* bis *A12 Lagemeeting*, wie in den Kapiteln 2 und 3 beschrieben, ist eine generische Vorgehensweise für komplexe Führungsprobleme – vom Bandraum bis zum Start-up.

Vorher wollen wir uns allerdings noch der letzten Problemart widmen, die in Bandräumen und Start-ups hin und wieder auftritt: dem *Chaos*.

Während der Probe beginnt plötzlich der alte Röhrenverstärker zu qualmen. Lukas will gerade nachsehen, da knackt es. Das Licht geht aus – und mit ihm alle Verstärker.

Lukas präsentiert stolz das neue *Eonify*-Dashboard beim Kundentermin. Doch plötzlich hängt der Demo-Server und das WLAN fällt aus. Gleichzeitig erhält der Kunde eine Eilmeldung aus seiner IT-Abteilung. Der Pitch ist tot, bevor er begonnen hat.

Wir dürfen *chaotische Probleme* nicht mit *komplexen* verwechseln. Umgangssprachlich sprechen wir rasch vom Chaos, doch meist ist das nicht ganz zutreffend. Chaos zeichnet sich dadurch aus, dass die Regel «kleine Veränderungen führen zu kleinen Auswirkungen, grosse Veränderungen führen zu grossen Auswirkungen» nicht mehr gilt. Hier sind nicht nur die Unbekannten unbekannt, hier gibt es Unerkennbares. Ein analytisches Vorgehen, wie wir es in den Folgekapiteln aufzeigen, wirkt wie die Nagelfeile am Baum, der umzustürzen droht. In chaotischen Situationen sind *pragmatische Entscheide* gefordert.

Lukas ist wie versteinert. Sein guter alter Orange-Verstärker – das kann doch nicht sein! In solchen Situationen blockiert er. Doch Annina behält einen klaren Kopf, geht zur Türe und öffnet sie sofort. Das Licht vom Gang fällt in den Bandraum.

Lukas klappt das Laptop zu. Der Kunde hat sein Smartphone soeben zur Seite gelegt und Lukas meint souverän: «Ich schlage vor, Sie erzählen mir bei einem Kaffee die Herausforderungen Ihrer IT-Abteilung. Ich habe auch Bleistift und Papier dabei.»

Nur durch unser unmittelbares Handeln bringen wir Stabilität in die Situation. Wir bewegen uns raus aus dem Chaos und (zurück) in eine immer noch komplexe Lage, die nun ein heuristisches Vorgehen erlaubt. Jetzt können wir die Lage beurteilen und weitere Massnahmen ergreifen. In solchen Fällen gilt: Es gibt nichts Gutes, ausser man tut es.

Gewiss: Die Unterscheidung in einfache, komplizierte, komplexe und chaotische Probleme ist auch eine Vereinfachung. Die Abgrenzung ist das eine, unterschiedliche Perspektiven sind das andere. Für die Geschäftsleitung mag das Problem ganz einfach sein, für die IT-Abteilung komplex – oder umgekehrt. Probleme können in ihrer Komplexität wachsen oder sich von selber reduzieren. Eine Faustregel halten wir fest:

Eine zentrale Aufgabe von Führungskräften besteht darin, Probleme in der Abbildung 1 «von rechts oben nach links unten» zu bringen. Unser in diesem Buch vorgeschlagenes Vorgehen zielt genau darauf ab. Es beginnt im ersten Schritt – der *A1 Problemerfassung* – mit einer bewussten Komplexitätsreduktion (siehe Kapitel 2.1). Doch zunächst widmen wir uns der Frage, wohin wir mit diesem Vorgehen gelangen wollen, denn unser Ziel ist nicht nur Vereinfachung, sondern eine qualitativ überzeugende Lösung: Wir streben nach Perfektion.

1.2 Brauchbares und Perfektes

Das Ambitionsniveau der Perfektion mag uns zunächst illusorisch, überheblich oder falsch erscheinen. Schliesslich betont gerade die militärische Führungsausbildung (siehe dazu den Disclaimer in Kapitel 5.2): «Lieber eine brauchbare Lösung zur Zeit als eine perfekte Lösung zu spät.» Wollen wir diesem Grundsatz widersprechen?

Nein. Aber wir geben uns damit auch nicht zufrieden. Das Schweizer Geschäftsmodell besteht darin, Dinge zu perfektionieren, von der Schokoladerezeptur bis zum Uhrwerk. Wir plädieren nicht für neue Begriffe. Wir rufen dazu auf, unser Verständnis hinter zentralen Begriffen wie *Führung*, *Problem* oder *Perfektion* zu schärfen.

Unser Verständnis von Perfektion orientiert sich an einem Gedanken von Antoine de Saint-Exupéry – dem französischen Offizier, der als Autor von *Der kleine Prinz* Weltruhm erlangte:

> Perfektion ist nicht erreicht, wenn nichts mehr hinzugefügt werden kann, sondern wenn nichts mehr weggelassen werden kann.

So verstanden führen wir *Perfektion* auf den ursprünglichen Wortsinn zurück: Was wir tun, soll in sich abgeschlossen sein.[8] Dabei ist der positive Beiklang der Perfektion gewollt. Natürlich ist «die perfekte Lösung zu spät» nicht brauchbar – schliesslich kommt sie zu spät. Doch «brauchbar» alleine reicht uns nicht. Wenn wir uns als Start-up gegenüber der Konkurrenz, als Band gegenüber Mitbewerbern, als militärische Einheit gegenüber dem Gegner durchsetzen wollen, brauchen wir mehr. In diesem Sinn ist Perfektion durchaus erreichbar – oder zumindest erstrebenswert.

1.3 Command – Leadership – Management

Führung ist komplex. Genau deshalb brauchen wir ein Modell, um sie durchzudenken – dazu sind Modelle da. Wir schlagen ein Verständnis vor, das Führung in drei Aspekte gliedert: Command, Leadership und Management. Es handelt sich nicht um einen neuen Führungsstil, sondern um eine Begriffsklärung. Sie soll helfen, die teils widersprüchlichen Aspekte von Führung besser zu verstehen.

Immer wieder werden neue Führungsstile als Lösung angepriesen, etwa *Transformational, Servant, Ethical* oder *Authentic Leadership*. Zur Abgrenzung wollen wir einige Gründe gegen diese «positiven Führungstheorien» aufführen. Wir sprechen uns damit keineswegs dagegen aus, transformational, dienend, ethisch oder authentisch zu führen. Diese Theorien vermischen jedoch das Führungsverhalten mit den Führungsergebnissen und sind deshalb wenig hilfreich. Ganz abgesehen davon blenden sie jene Aspekte der Führung aus, die gerade in komplexen oder chaotischen Situationen entscheidend sind: manchmal müssen wir hartnäckig sein, gegen die Mehrheit entscheiden oder individuelle Bedürfnisse zurückweisen.[9] Das steht in einem Spannungsverhältnis zu idealisiertem Vorbild, inspirierender Motivation, intellektueller Anregung und individueller Berücksichtigung, also die 4 «I» der transformationalen Führung. Solche Spannungen lassen sich aus unserer Sicht nicht vermeiden – und genau ihnen wollen wir uns in den folgenden Abschnitten widmen.

Die erste Spannung kennen wir aus LinkedIn-Verläufen und Fachbuchabteilungen: Der Unterschied zwischen Leadership und Management ist ein Evergreen der Führungsliteratur. Diese Diskussion geht auf einen Aufsatz von Abraham Zaleznik zurück, der 1977 in der *Harvard Business Review* fragte: «Managers and Leaders – are they different?»[10]

Wir verstehen diesen Unterschied auf Anhieb. Es gibt jene Vorgesetzte, die wir als «typische Manager» bezeichnen: organisiert, pflichtbewusst, prozessorientiert, zuverlässig.

«Lukas, hast du gesehen? Ich habe dir das Mail mit der Übersicht zu den Fehlern in den Logs von letzter Woche geschickt. In der Spalte ganz rechts habe ich die Tasks zugewiesen – nicht, dass du wieder drei Stunden an derselben Schlaufe arbeitest wie Emma. Mir ist übrigens aufgefallen, dass in der Referenz 137 …».

Während Toni bereits in die Details abdriftete, musste Lukas schmunzeln. Mit seiner Gewissenhaftigkeit hatte Toni ihm viel Ärger erspart. Überhaupt ging es in dem mühsamen Projekt erst voran, seit Toni den Lead übernommen hatte.

Solche Eigenschaften sind wertvoll – und viele arbeiten ein Leben lang daran, sie aufzubauen. Doch Führung zeigt sich auch ganz anders: etwa in der «typischen Leaderin» wie Emma bei *Eonify*:

«Wir sprechen seit Wochen darüber und ich höre überall nur Bedenken. Jetzt setzen wir das um – gemeinsam. Ich übernehme auch den Lead, meinetwegen. Und wenn es bis Ende August nicht klappt, bin ich gerne schuld.»

Lukas schaute Emma verdutzt an – und Toni vergass sogar für einen Moment seine Risikomatrix. Ein bisschen klischeehaft wirkte das schon: ein Start-up, gegründet auf der Polyterrasse.

«Ah, und übrigens: das Ding heisst *Eonify*. Ich sag euch, warum. Unten im bQm.» Die Bar unter der Terrasse der ETH war ein würdiger Ort, um den Entschluss zu feiern.

Wir definieren *Leadership* als «menschenorientierte Führung»: Dabei geht es darum, Menschen zu verstehen und ernst zu nehmen, zu motivieren und zu bewegen – aber auch zu beeinflussen, zu kritisieren oder zuweilen «in den Senkel zu stellen».[11] Deshalb widmet sich Kapitel 4 der Frage, wie wir den Menschen in der Führung besser verstehen und mit ihm umgehen können.

Wir orientieren uns am Menschen – ohne ihn findet offensichtlich keine Führung statt. Es ist Leadership, mit der Emma ihre Kommilitonen zur Gründung bewegte. Doch damit ist es noch nicht getan: Ideen müssen umgesetzt werden. Selbst eine Ich-AG erfordert Organisation – und diese wächst notgedrungen, wenn mehrere Menschen zusammenarbeiten. Das mag weniger attraktiv wirken als Leadership, ist aber notwendig, um Ideen zu realisieren.

Wir definieren *Management* als «organisationsbasierte Führung»: Dabei geht es darum, Organisationen zu verstehen und zu gestalten, umzubauen und zu betreiben – sowohl die Aufbauorganisation (Strukturen) als auch die Ablauforganisation (Prozesse). Kapitel 3 zeigt, wie wir Führungsstrukturen und Führungsprozesse verbessern können.

Leadership und Management geraten leicht in Spannung zueinander; diese lässt sich selten auflösen und muss meist ausgehalten werden. Anders formuliert: Es ist kein Entweder-oder, sondern ein Sowohl-als-auch. Doch wir sind überzeugt, dass Mensch und Organisation alleine nicht genügen. Es fehlt eine Komponente für erfolgreiche Führung.

Die ersten Monate verliefen harzig – und keiner wusste so recht, woran es lag. Tonis Organisationstalent war Gold wert: Von Anfang an sorgte er für klare Strukturen – minimale Administration, aber unabdingbar. Lukas brachte ständig Ideen ein: vom intelligenten Dashboard bis zum Frühwarnsystem für verdächtige Logins, er war kaum zu bremsen. Doch der Durchbruch blieb aus: Kundengespräche blieben zäh, das Kapital – Ersparnisse und ein Privatdarlehen – schmolz, ein Projekt wurde abgebrochen, andere drohten zu versanden. Ohne Emmas Spirit wäre *Eonify* vor dem Abheben auseinandergebrochen – ein Schicksal, das viele Start-ups teilen.

Lukas war gerade aus dem WK zurück. Immerhin hatte seine vierwöchige Abwesenheit kaum Spuren hinterlassen – bei *Eonify* herrschte Flaute. Im Zug nach Hause sinnierte er über das Mantra seines Kadis: «Der Auftrag steht im Zentrum!» – «Den Auftrag analysieren, nicht interpretieren!» – «Wenn ihr den Auftrag nicht versteht, habe ich versagt!» Alle mochten den Kadi, dem es gelang, seine Hartnäckigkeit mit Hingabe, Herz und Humor zu verbinden.

Lukas blickte zu den Churfirsten, während der Zug am Walensee entlang in Tunnels ein- und ausfuhr: «Was ist eigentlich unser Auftrag bei *Eonify*? Geld verdienen? Dafür hätte ich beim Studentenjob bleiben können. Ein Start-up gründen? Haben wir ja getan. Eine gute Zeit haben? Wäre im Bandraum wohl einfacher.»

«Luki, wenn du keinen Auftrag hast, musst du ihn halt selber definieren.» Die kritische Bemerkung seines Kadis aus der Schlussübung schob sich in seine Gedanken – jener Moment, als Lukas gerade ziemlich am Versagen war. Gut organisiert, recht motiviert, aber taktisch ungenügend: «Vom Auftrag geht alles aus – wie willst du führen, wenn du nicht weisst, wohin?» Lukas wusste: *Eonify* hatte keinen Auftrag – und von einer Strategie keine Spur.

Keine Sorge, wir kehren gerade wieder in zivile Gefilde zurück, aber die Bedeutung des Auftrags tritt im militärischen Kontext besonders klar zutage – und wir wollen gar nicht verstecken, woher ein Teil unserer Inspiration stammt.

Das Spannungsfeld zwischen dem Menschen und dem Auftrag beschäftigt jede militärische Führungskraft – oder müsste es zumindest. Egal ob Gruppenführer, Zugführerin oder Kommandant, alle haben einen klaren Auftrag: «Sperrt die Strasse von A nach B für vier Stunden.» – «Beschafft Nachrichten über den

Gegner im Raum C.» – «Zerstört Objekt D vor 0300.» Denken und Handeln sind auf den Auftrag auszurichten – und dafür sind den Chefinnen und Chefs Soldatinnen und Soldaten anvertraut. Doch militärisches Handeln ist gefährlich: Wer den Auftrag erfüllen will, muss sich und die Unterstellten Risiken aussetzen, «im Ernstfall auch unter Einsatz des Lebens».[12]

Wer diese Spannung einseitig auflösen will, ist für militärische Führungsaufgaben nicht geeignet. Wer seine Unterstellten um jeden Preis schonen will, kann weder sperren noch Nachrichten beschaffen. Damit schützt die Führungskraft ihre Leute allenfalls kurzfristig – und gefährdet gleichzeitig andere: jene Truppen, die auf den Erfolg des Auftrags angewiesen sind, und letztlich die Bevölkerung, zu deren Schutz die Armee eingesetzt wird.

Den Auftrag ohne Rücksicht auf die Betroffenen zu erfüllen, ist hingegen menschenverachtend. Und die Geschichte ist voll von Beispielen, die zeigen: Solche Führung ist nicht nur verwerflich, sondern auch langfristig zum Scheitern verurteilt.

Um die Herkunft dieses Führungsverständnisses offen zu benennen, verwenden wir bewusst den Begriff *Command*. Damit stellen wir eine sprachliche Symmetrie zu *Leadership* und *Management* her. So entsteht ein begrifflicher Dreiklang, der auch im internationalen Kontext genutzt wird – etwa bei den britischen Streitkräften.[13] Allerdings verwenden wir eine eigene Definition, die für unsere Zwecke präziser ist und auch im zivilen Kontext greift:

Wir definieren *Command* als «auftragszentrierte Führung»: Es ist der Teil der Führung, bei dem es darum geht, Aufträge zu verstehen und zu analysieren, auszuhandeln und einzuordnen – aber auch zu hinterfragen oder abzulehnen.[14] Kapitel 2 widmet sich der Frage, wie wir in der Führung mit Aufträgen arbeiten.

Wer sich am militärischen Klang des Begriffs *Command* stört, darf gerne Alternativen vorschlagen. Wie auch an anderen

Stellen arbeiten wir lieber an der Bedeutung hinter den Begriffen, statt uns in Begriffsdiskussionen zu verlieren – wie etwa im Umgang mit dem Wort «Problem» in Kapitel 2.1.

Abbildung 2 bringt unser Führungsverständnis auf den Punkt: Im inneren Kreis stehen *Auftrag*, *Mensch* und *Organisation* – im nächsten Kreis die dazugehörigen Führungsaspekte: *Command*, *Leadership* und *Management*.

Übrigens: Stephen Bungay schlägt in seiner *Executive's Trinity* den Begriff *Direction* als Ergänzung zu *Leadership* und *Management* vor – und auch sein Modell basiert auf dem militärischen Verständnis von *Command*.[15] Teile seiner Überlegungen zu *Direction* lassen sich auf unser Verständnis von Command übertragen. Insgesamt halten wir jedoch unsere Definition für klarer – und sehen in mehreren Punkten auch inhaltliche Unterschiede.[16]

Das Modell in Abbildung 2 weist zwei weitere Kreise auf, die wir im Folgenden betrachten. Sie helfen uns einerseits, bessere Voraussetzungen für die Führung zu schaffen und andererseits die Führung im Alltag besser zu erkennen. Weitere Ebenen sind denkbar, würden hier jedoch den Rahmen sprengen.[17]

Wie schaffen wir bessere Voraussetzungen für die Führung? Indem wir nicht nur konkret und situativ führen, sondern auch langfristig investieren. Damit stärken wir die Selbstständigkeit der Follower – bis zu dem Punkt, an dem wir uns überflüssig machen. Indem wir *Sinn* vermitteln, wird Command einfacher – und seltener nötig. Indem wir *Werte* vermitteln, wird unsere Leadership wirksamer. Und indem wir *Ordnung* vermitteln, reduzieren wir den Bedarf an Management. Wenn sich alle an gewisse Grundsätze halten, braucht es weniger Führung – und das ist eine gute Sache.

Im Alltag die Führung – und ihre Qualität – zu erkennen, ist oft gar nicht so einfach. Der äusserste Kreis unseres Modells gibt hier wichtige Hinweise. In einer Organisation zeigt sich der

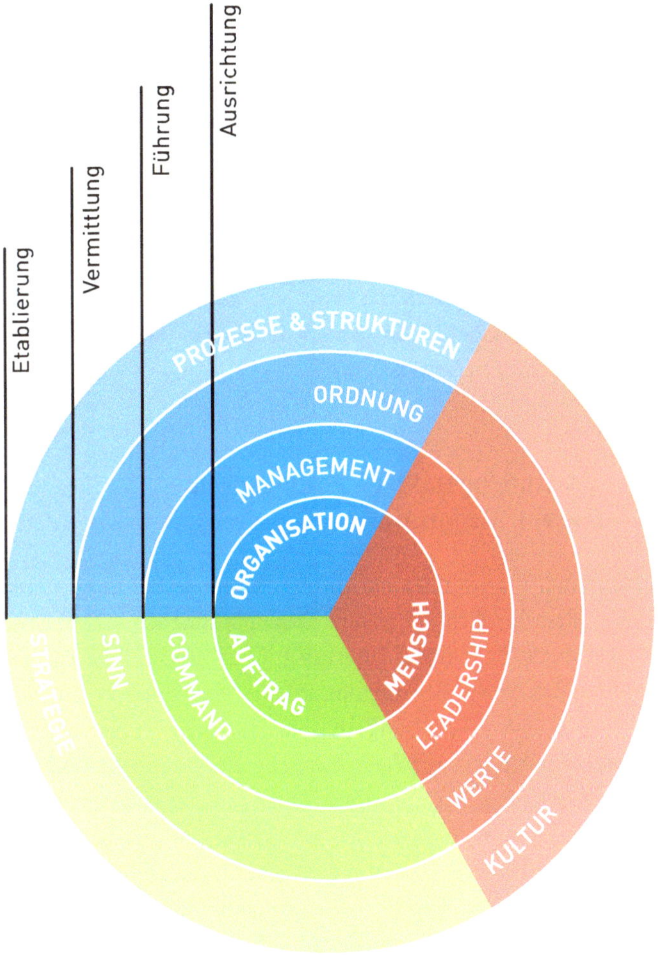

Abbildung 2: Das Command-Leadership-Management-Modell.

Umgang mit dem Auftrag in der *Strategie*. Der Umgang mit Menschen wird in der *Kultur* sichtbar. Und das Management schlägt sich nieder in den *Prozessen und Strukturen* einer Organisation.

Wenn wir Strategie, Kultur oder Prozesse und Strukturen nicht erkennen, steht es wohl schlecht um unsere Führung – und das Modell gibt uns wertvolle Hinweise, woran wir arbeiten sollen: an Command, Leadership oder Management. Auf diese drei Bereiche gehen wir im weiteren Verlauf ein: Kapitel 2.6 behandelt den Aufbau einer Strategie, Kapitel 3.7 den wichtigsten Prozess in unserer Struktur und Kapitel 4.2 die Kultur einer Organisation.

Zuvor aber skizzieren wir, was gutes Command, gute Leadership und gutes Management ausmacht – drei Ansätze, die sich gegenseitig verstärken.

1.4 Auftragstaktik – Followership – Dezentralisierung

Command – verstanden als auftragszentrierte Führung – lässt sich unterschiedlich umsetzen. Der ursprünglich militärische Begriff dürfte bei einigen Leserinnen und Lesern Bilder von gebrüllten Befehlen und bedingungslosem Gehorsam hervorrufen – egal, ob die eigene Erfahrung auf Isone 1975 oder Hollywood 2025 beruht. Tatsächlich verfolgen westliche Streitkräfte, so auch die Schweizer Armee, seit Jahrzehnten einen gänzlich anderen Ansatz, der sich in der Praxis als deutlich wirksamer erwiesen hat.[18]

Es handelt sich dabei um eine grundlegende Führungsphilosophie, die unter dem Begriff *Auftragstaktik* bekannt ist.[19] Sie zeichnet sich durch minimale inhaltliche Vorgaben der Führungskraft aus. Dies führt zu dezentralisierten Entscheidungen und maximalem Einbezug der Unterstellten – und macht damit deutlich, wie eng sie mit Management und Leadership verbunden ist.

Die *Auftragstaktik* bewährt sich – im Gegenzug zur rigiden *Befehlstaktik* – nicht nur in Krisen, Krieg und Katastrophen, sondern gerade auch in der Geschäftswelt. Führungskräfte sollten sich nicht in zahlreichen *Entscheidungen* verlieren, sondern ihre Energie auf die *Orientierung* und damit das grosse Ganze richten. Damit stellen sie sicher, dass ihre Organisation in komplexen Situationen handlungsfähig bleibt. Wir kommen darauf im Kapitel 1.6.2 zurück.

Damit einher geht ein Leadership-Verständnis, das nicht beim Leader, sondern beim Follower ansetzt. In der Wissenschaft verfolgen Followership-Theorien diesen Ansatz.[20] Uns genügt an dieser Stelle aber die Erkenntnis, dass Führung nicht bei der Führungskraft, sondern bei den Geführten entsteht. Damit werden die gängigen Theorien zu Führungsstilen (siehe Kapitel 1.3) weiter entkräftigt: Dieselben Eigenschaften, Verhalten und Stile einer Führungskraft können bei verschiedenen Gruppen völlig unterschiedlich wirken. Das ist mehr als eine Frage des Stils – es verändert unseren Blick auf Führung grundlegend. Führungskräfte sollten nicht sich, sondern die Geführten ins Zentrum rücken, ganz im Sinn von Jack Welsh[21]:

> Before you are a leader, success is all about growing yourself. When you become a leader, success is all about growing others.

Auftragstaktik als Philosophie und Followership als Perspektive entfalten ihre Wirkung in dezentralen Organisationsformen am besten. Wir sprechen uns nicht grundsätzlich gegen Hierarchien aus; in unserer Erfahrung sind klare Gliederung und Verantwortlichkeiten gerade in Krisensituationen unabdingbar. Wir sollten Hierarchien aber nicht zum Anlass nehmen, Entscheidungskompetenzen und Planungsaufgaben zu zentralisieren. Unsere Verantwortung als Führungskräfte liegt primär in der Orientierung der Follower – so befähigen wir diese, dezentral und somit rascher, wirkungsvoller, sicherer zu handeln.

1.5 Exploration und Exploitation

Erfolgreiche Führung löst Probleme. Sie lebt von motivierten Menschen wie Lukas, die Dinge nicht nur wollen, sondern auch tun. Umfelder, in denen Arbeitsgruppen und Kommissionen Probleme endlos diskutieren und die Ergebnisse schliesslich in Expertenberichten münden, können Menschen wie Lukas frustrieren.

Andererseits sind Diskussionen und zuweilen sogar Kommissionen wichtig, um verschiedene Meinungen einzubeziehen und dadurch bessere Lösungen zu finden. Dieser Widerspruch lässt sich, wie viele andere Spannungen in der Führung, nicht auflösen – aber bewusst gestalten. Es geht darum, was wir zu welcher Zeit tun; frei nach dem Grundsatz: «Es gibt eine Zeit zum Schweigen, und eine Zeit zum Reden.»[22]

James March, einer der grössten Organisationsforscher des 20. Jahrhunderts, prägte ein Begriffspaar, das er ursprünglich für die Entscheidungstheorie entwickelte, das aber weit darüber hinaus Anwendung fand – etwa für innovationsfreundliche Organisationen und Führung.[23] Das sogenannte *Exploration-Exploitation*-Modell hilft uns, über den jeweils passenden Modus im Führungsalltag nachzudenken.

Im *Exploration*-Modus geht es darum nachzudenken, die Übersicht zu gewinnen, Entscheidungen vorzubereiten, Verbesserungen zu entwickeln. Hier sind neue Ideen und kreative Ansätze gefragt – Breite statt Enge, Vielstimmigkeit statt Monotonie. Dabei sind steile Hierarchien hinderlich; das Team mit all seinen Ideen und Lösungsansätzen muss involviert werden und Diskussionen sowie Widerspruch sind nicht nur zulässig, sondern notwendig.

Führung, die in diesem Modus verharrt, bleibt jedoch wirkungslos – so wie die ewigen Arbeitsgruppen. Zum richtigen Zeitpunkt – auf den wir noch zurückkommen – soll effektive und effiziente Führung in den *Exploitation*-Modus wechseln. Es geht nun darum, zielgerichtet zu handeln, Entscheidungen durch- und Massnahmen umzusetzen. Hier sind Klarheit und ein gemeinsames Vorgehen gefragt – Einstimmigkeit statt Polyfonie. Dabei sind Hierarchien durchaus nützlich. In solchen Phasen können Diskussionen eher stören; hier helfen klare Strukturen und Prozesse sowie Standards.

Auf der Suche nach dem Optimum oder Gleichgewicht zwischen Exploration und Exploitation haben Forschung und Praxis unterschiedliche Lösungen vorgeschlagen. So lassen sich die beiden Aufgaben etwa unterschiedlichen Bereichen einer Organisation zuweisen. Doch wenn die Forschungsabteilung nur exploriert und die Produktion nur exploitiert, werden die ersten nicht konkret und die zweiten nicht besser – ganz abgesehen davon, dass sich Start-ups wie *Eonify* diese Arbeitsteilung nicht leisten können. Wir schlagen stattdessen vor, in der Führung gezielt zwischen beiden Modi zu wechseln.

Weil der Wechsel zwischen *Exploration* und *Exploitation* je nach Problem in kurzer Abfolge erfolgen kann, müssen wir klarstellen, ob wir gerade in einer Phase sind, in der wir Variabilität fördern oder einschränken wollen. Unsere Organisation profitiert von einem gemeinsamen Verständnis, wie wir Probleme strukturieren, beschreiben und lösen. Ebenso hilfreich ist eine klare Terminologie, um Missverständnisse zu vermeiden.

Wir brauchen also ein Modell, das den Arbeitsrhythmus steuert, aber auch Feedbackschleifen enthält. So können wir Diskussionen da fördern, wo wir sie benötigen – und dort begrenzen, wo sie hinderlich sind. Dieser Hinweis scheint uns in der heutigen, von Individualismus geprägten Zeit besonders relevant. Während noch vor wenigen Generationen in der Wirtschaft – und ebenso in der Armee – eine Mentalität der schweigenden Zustimmung herrschte («ist so, weil ist so; bleibt so, weil war schon immer so»), glauben wir heute eine Tendenz in das andere Extrem zu erkennen. Wir neigen inzwischen eher dazu, ständig neue Ideen einzubringen, alles zu hinterfragen oder Dinge zu zerreden, statt das Nötige zu tun. Doch wir sollten nicht vergessen: Im Führungsalltag drängt die Zeit meist, wenn Probleme auftauchen.

1.6 Der OODA-Loop als Werkzeug

Im hektischen Führungsalltag müssen wir nicht alles neu erfinden. Auch wenn wir uns dabei manchmal als «Siebesiech»[24] fühlen, lohnt es sich, auf bewährte Modelle zurückzugreifen: Wir sind Zwerge auf den Schultern von Riesen.[25]

Wir stützen uns in der Folge auf John Boyds *OODA-Loop*. Boyd war ein Pilot der US Air Force, der zu einem strategischen Denker – einige sagen Riesen[26] – des 20. Jahrhunderts avancierte. OODA ist ein Akronym, das für *Observation*, *Orientation*, *Decision* und *Action* steht[27].

Der OODA-Loop ist ein Kreislauf. Er strukturiert die Führungsarbeit in einem klaren Rhythmus. Abbildung 3 zeigt eine umfangreiche Version basierend auf John Boyds Originalversion. Stark vereinfachte Darstellungen, wie sie häufig zu finden sind, blenden wesentliche Aussagen seines Modells aus.

Was versteckt sich hinter jedem der vier Schritte, und was hat das mit Führung zu tun? Schauen wir uns jeden Schritt im Detail an.

1.6.1 Observation: «Houston, we have a problem»

Bei einem Kreis ist es eigentlich müssig zu sagen, wo er beginnt. Klassischerweise startet der OODA-Loop jedoch mit der *Observation* – der Beobachtung. Sie steht für die Quelle neuer Infor-

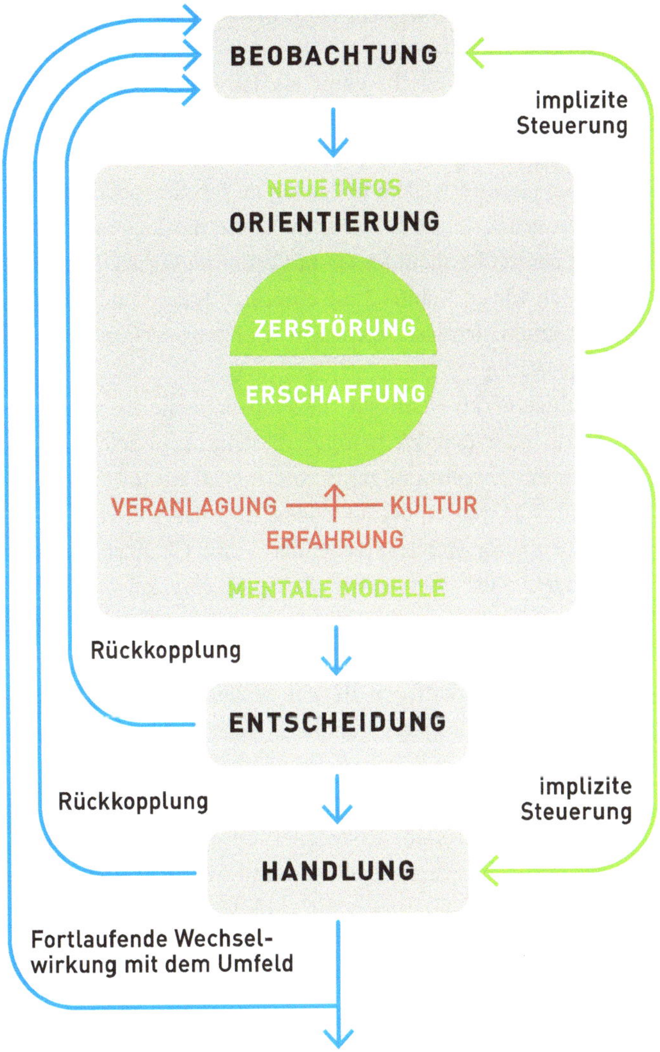

Abbildung 3: Der OODA-Loop nach John Boyd.

mationen, die einen Prozess auslöst – in uns, aber auch in der Organisation. Häufig handelt es sich dabei um ein Problem; die Feststellung, dass etwas nicht stimmt, löst unser weiteres Denken und Handeln aus.

Das ist nicht falsch, denn als Führungskräfte sind wir gerade dann gefordert, wenn es nicht rund läuft. Wir brauchen sturmfeste Steuerfrauen und keine Schönwetterkapitäne, die bei den ersten Gewitterwolken in der Kajüte verschwinden oder gar von Bord gehen («fare lo Schettino», wie die Italiener in Anlehnung an den Kapitän der *Costa Concordia* sagen). In diesem Sinn gehen wir ab Kapitel 2 die einzelnen Schritte des OODA-Loops lösungsorientiert durch: von *A1 Problemerfassung* bis zu *A12 Lagemeeting*.

Wohlgemerkt: wenn wir die Führungsrolle auf die Problemlöserin oder den Weltenretter beschränken, zeichnen wir nicht nur ein unvollständiges, sondern auch ein unnötig negatives Bild. Wir werden bei *A1* zeigen, dass das Vorgehen ebenso – und häufig vielversprechender – auf Chancen, positive Wendungen oder unerwartete Gelegenheiten anwendbar ist. Dennoch halten wir am Begriff «Problemerfassung» fest. Er ist etabliert – und Führung ist nun einmal besonders gefragt, wenn es Probleme gibt. Statt den Begriff wollen wir lieber das Verständnis ändern: Wir plädieren dafür, auch Probleme als Chancen zu verstehen.

So verstanden umfasst der *Observation*-Schritt alles, was uns in der Führungsarbeit begegnet: Chancen und Gefahren, Stärken und Schwächen, Probleme und Möglichkeiten – aber auch all jene Beobachtungen, die sich vorerst einer Wertung entziehen. Gerade in chaotischen oder komplexen Lagen ist oft unklar, ob eine Beobachtung bedeutungslos oder entscheidend ist, im Guten oder im Schlechten. Mehr dazu in den Kapiteln 3.4 bis 3.6.

1.6.2 Orientation: das Herzstück des OODA-Loops

Die Abbildung 3 zeigt, dass die *Orientation* der wichtigste Schritt im OODA-Loop ist. Deshalb widmen wir ihr auch die drei ersten Kapitel 2.1 bis 2.3. Viel zu oft springen Führungskräfte von der ersten, lückenbehafteten *Observation* direkt zur *Decision* – diese Tendenz erläutern wir unter dem Stichwort «action fallacy» in Kapitel 4.3.1.

Der amerikanische Organisationsforscher Karl E. Weick prägte den Begriff *Sensemaking* als bewussten Gegenpol zum *Decison-making*, um die Wichtigkeit der Orientierung zu betonen.[28] Während Führung gemeinhin mit *Entscheidungsstärke* verbunden wird, schlagen wir in Anlehnung an Weick vor, unser Führungsverständnis zu überdenken und die *Orientierungsstärke* in das Zentrum der Führungsarbeit zu rücken.

Konkret werden in der *Orientation* Fakten gesammelt und verdichtet, um möglichst rasch zu erkennen, ob sich das Problem in ein Muster einordnen lässt oder ob es sich um ein neuartiges Problem handelt. Diese Unterscheidung unterstützt die Geschwindigkeit der Entscheidfindung deutlich: Für wiederkehrende Probleme stehen oft bewährte Abläufe zur Verfügung. Explizite Entscheide (*Decision*) erübrigen sich und das notwendige Handeln (*Action*) ist implizit vorgegeben; wir gehen direkt in die Exploitation über.

Neuartige Probleme benötigen hingegen mehr. Dies zu erkennen, hängt offensichtlich – wie alles in der Führungsarbeit – auch vom *Menschen* ab. Seine *Veranlagung*, seine *Erfahrung* und die *Kultur* (wie in Abbildung 3 dargestellt) beeinflussen massgeblich, welche mentalen Modelle geschaffen – oder zuweilen zerstört – werden. Kapitel 4 erläutert dazu einige typisch menschliche Eigenheiten und erklärt, weshalb ICH die Lage nicht zwingend so sehe, wie sie wirklich IST. Deshalb sind wir in dieser Phase besonders auf das Team angewiesen: Unsere

Erfahrungen, aber auch unterschiedliche Veranlagungen, ergänzen sich. Es geht also darum, gemeinsam ein Lagebild zu gewinnen – ohne zu dramatisieren, aber auch ohne zu beschönigen. Im Sinn von John March ist *Orientation* klassische *Exploration.*

Übrigens: Zuweilen können oder müssen wir in der *Orientation* bereits Sofortmassnahmen ergreifen: Stellen wir zum Beispiel fest, dass auf einer unübersichtlichen Unfallstelle Erste Hilfe notwendig ist, leisten wir diese, bevor wir den Unfallhergang restlos geklärt haben. Dies ist ein weiteres Beispiel für die implizite Steuerung unseres Handelns: Sobald die wahrgenommenen Informationen zur Einordnung «Notfall» führen, können wir loslegen. Die Kapitel 2.1 bis 2.3 führen hingegen aus, wie wir vorgehen, wenn das *Sensemaking* nicht unmittelbar möglich ist.

1.6.3 Decision: von Lösungsansätzen zum Entscheid

Sobald die Informationen zusammengetragen und eingeordnet sind, können wir entscheiden, wie wir das Problem – oder die Chance – angehen. Das gilt insbesondere in komplexen Lagen; in chaotischen Situationen ist hingegen erst einmal implizit gesteuertes Handeln erforderlich (Kapitel 1.1).

Gerade in komplexen Lagen und verstärkt noch unter emotionalem Druck ist es zentral, den Entscheid auf einem gemeinsamen Lageverständnis abzustützen. Im OODA-Loop bedeutet das, dass wir nicht entscheiden sollten, bevor wir den Schritt *Orientation* abgeschlossen haben. Andernfalls steigt die Gefahr, vorschnell und falsch zu entscheiden – vor allem, wenn wir den Fokus auf *Decision* statt auf *Orientation* legen. Das führt oft zu einer zu intuitiven Entscheidungsfindung, wo rationale Abwägung zu besseren Lösungen führen würde.

In fast allen Fällen gibt es mehrere Varianten, wie wir ein Problem lösen können. Das ist ein Merkmal komplexer Situationen, wo keine *Best Practices* und meistens nicht einmal *Good Practices* existieren (Abbildung 1). Ob wir zwei Varianten prüfen oder deren zehn ausarbeiten, hängt von verschiedenen Faktoren ab: der zur Verfügung stehenden Zeit, der Komplexität des Problems, der Kritikalität des Problems, und schliesslich der Organisation und ihrer Kultur – die zwischen Risikofreude und Übervorsicht vieles zulassen kann.

Auch die Bewertung solcher Varianten gehört noch zur *Orientation*. Anhand von Entscheidungskriterien wägen wir Vor- und Nachteile ab und wenden – je nach Bedarf, Zeit, Komplexität und Ressourcen – auch quantitative Methoden an. Damit ist der Schritt *Decision* abgeschlossen. Die Kapitel 2.4 bis 2.6 widmen sich diesem Thema im Detail.

1.6.4 Action: vom Entscheid zur Umsetzung

Ist der Entscheid einmal getroffen, muss er umgesetzt werden. Was einfach tönt, ist in der Realität oft komplex: Der Entscheid wirkt sich auf alle Beteiligten aus, während sich Aufträge häufig nur an Einzelne richten. In der Konzeptentwicklung müssen diese Aufträge aufeinander abgestimmt werden. Neben den Kernaufträgen sind in der Regel auch noch Querschnittsbereiche wie Personal, Recht, Kommunikation, Logistik, IT, Security und Finanzen zu berücksichtigen, um das Problem erfolgreich zu lösen. Dabei gilt es, die entsprechenden Spezialisten im Lead rechtzeitig einzubinden.

Parallel zur Konzeptentwicklung brauchen wir häufig Eventualplanungen. Während Konzepte dem beabsichtigten Verlauf entsprechen, decken Eventualplanungen jene Fälle ab, die vom Plan abweichen – im Negativen wie im Positiven. Damit antizipieren wir mögliche Probleme, aber auch Chancen. Erst nach diesen Vorbereitungen sind wir bereit für die *A9 Auftragsver-*

gabe, die aus Sicht der Führungskraft den Schritt *Action* im OODA-Loop abschliesst.

Nach dem Schritt *A9 Auftragsvergabe* beginnt die Umsetzung – und damit die Lageverfolgung. Ein ständiger IST-SOLL-Abgleich zeigt uns, ob wir auf Kurs sind oder sich die Lage so grundsätzlich verändert hat, dass ein neues Problem auftaucht. In diesem Fall springen wir im OODA-Loop zurück zum Schritt *Observation* – und der Kreislauf beginnt von vorn (Kapitel 1.6.1).

2 Command: der Auftrag

Das darf doch nicht wahr sein. Wobei – eigentlich hat Lukas es kommen sehen. Das Jahr hatte verdächtig gut begonnen. Skiferien mit Sofia, perfektes Wetter, endlich Zeit für Gespräche. Bei *Eonify* lief's rund: Anfangs März stand die neue Serverinfrastruktur, endlich war die Architektur skalierbar. Und *Zurich Voltage* wurde fürs Greenfield gebucht! Okay, Donnerstagnachmittag, Nebenbühne, aber trotzdem. Und jetzt das, alles an einem Abend.

Emma rief an. Nicht Threema, nicht Mail. Ein Anruf. Das passierte nie. Und tatsächlich: ein Bug in der Mandantenlogik – unter bestimmten API-Requests konnten Benutzer-IDs verwechselt werden. Gleichzeitig meint ein neuer Partner, dass unser IDS-Connector nicht mit seiner Legacy-Infrastruktur kompatibel ist, und ein Kunde verlangt ein SLA-Update oder droht mit Exit. Und natürlich meldet sich jetzt ein VC auf den Pitch – und will sofort ein Tech-Due-Diligence. Und Fred – «dieser Hornochse» (O-Ton Emma) – hat sensible Kundendaten in einem ungesicherten Cloud-Ordner abgelegt. Guet Nacht am Sächsi.[29]

Kopf lüften an der Bandprobe? Vergiss es. Zack, Absage in den Chat, kurz darauf surrt es. Pesche und seine elenden Sprachnachrichten. «Ausstellung in London ... ultrawichtig ... mega doof ... Greenfield-Wochenende ... wollte es heute Abend sagen». Bing, nächstes Mail. Weltuntergang? Nein, nur der

Kadi. URE verschoben – auf Sofias Geburtstag. Zum Glück ist sie nicht heikel, dachte er, als sie heimkam. Doch sie wirkte zu müde. «Luki», sagte sie, «du musst mir helfen. Die spinnen in der Klinik.»

Um 02:14 Uhr sitzt er in der Küche. Acht Tabs offen, alle wichtig. Er schliesst den Laptop. Und denkt zum ersten Mal seit Langem: Ich brauche einen klaren Auftrag.

2.1 Probleme und andere Chancen – *A1 Problemerfassung*

Wer kennt diese Situationen nicht? Die Sprache kennt viele Bilder dafür: den Wald vor lauter Bäumen nicht mehr sehen, wie der Ochse vor dem Berg stehen, ohne Kompass im Nebel irren. Natürlich wünschen wir uns in solchen Situationen einen klaren Auftrag. Doch unsere Welt ist selten einfach (siehe Kapitel 1.1) und als Führungskräfte liegt es häufig an uns, für Klarheit zu sorgen. Zuweilen müssen wir uns sogar die Aufträge selbst erteilen – doch dazu später mehr.

Lukas ist erst einmal überwältigt von der Flut an Problemen. Wie soll er damit umgehen? Er wendet eine Technik an, die er im Militär gelernt hat: die «Problemerfassung». Über den Begriff lässt sich streiten – aber weil er so etabliert ist, schlagen wir vor, lieber das Wort «Problem» neu zu denken: als Herausforderung, auf die es eine Lösung zu finden gilt.

Dazu gehört auch der VC – der Venture Capitalist, der als potenzieller Geldgeber auftaucht. Natürlich ist das mehr Chance als Problem. Aber auch hier gilt es, eine brauchbare Lösung in der richtigen Zeit zu finden – und umzusetzen.

Wir bezeichnen die Problemerfassung als A1, weil wir häufig damit beginnen. Sie gliedert sich in drei Schritte:

A1.1 Problemerkennung;
A1.2 Problembeschreibung;
A1.3 Problembeurteilung.

Der erste Schritt ist der kniffligste: Wenn wir das Problem nicht vollständig erkennen, können wir es später auch nicht lösen – egal, ob es eine Chance oder eine Gefahr darstellt.

Für die *Problemerkennung A1.1* empfehlen wir drei unterschiedliche Vorgehen. Diese hängen davon ab, wie gut wir das Problem kennen – oder zu kennen glauben. Je mehr wir über ein Problem wissen, desto strukturierter können wir vorgehen. Umgekehrt benötigen wir mehr Kreativität, wenn uns das Problem unbekannt ist. Abbildung 4 setzt die drei Verfahren nebeneinander.

Ist uns das Problem bekannt oder haben wir zumindest vergleichbare Probleme schon gelöst, können wir es gezielt *analysieren*. Dabei helfen uns Modelle, die auf früheren Erfahrungen basieren. Solche Erfahrungsmuster helfen, Kompetenzen in Organisationen aufzubauen. *Eonify* hat etwa für Cybersicherheitslösungen ein eigenes Modell entwickelt. Dieses wenden sie an, wenn sie einen Kunden beraten – und entwickeln so passende Lösungen mit verhältnismässigem Aufwand.

Zuweilen trifft Lukas auch auf neue Probleme – alles andere wäre auf Dauer langweilig und angesichts der sich ständig verändernden Welt ohnehin unrealistisch. Wenn er dabei wenigstens den SOLL-Zustand kennt, ist ein *Vergleich* mit dem IST-Zustand möglich. Daraus lassen sich häufig Lösungen ableiten. IST: Pesches Ausstellung blockiert das Greenfield-Konzert. SOLL: Beides soll möglich sein. Da der Gig am Donnerstag stattfindet und die Ausstellung am Wochenende, geht es darum, beides sauber zu koordinieren. Nicht einfach – aber lösbar.

Häufig wissen wir auch zu wenig über ein Problem, um schon eine Ahnung von der Lösung zu haben. Dann gilt es, erst

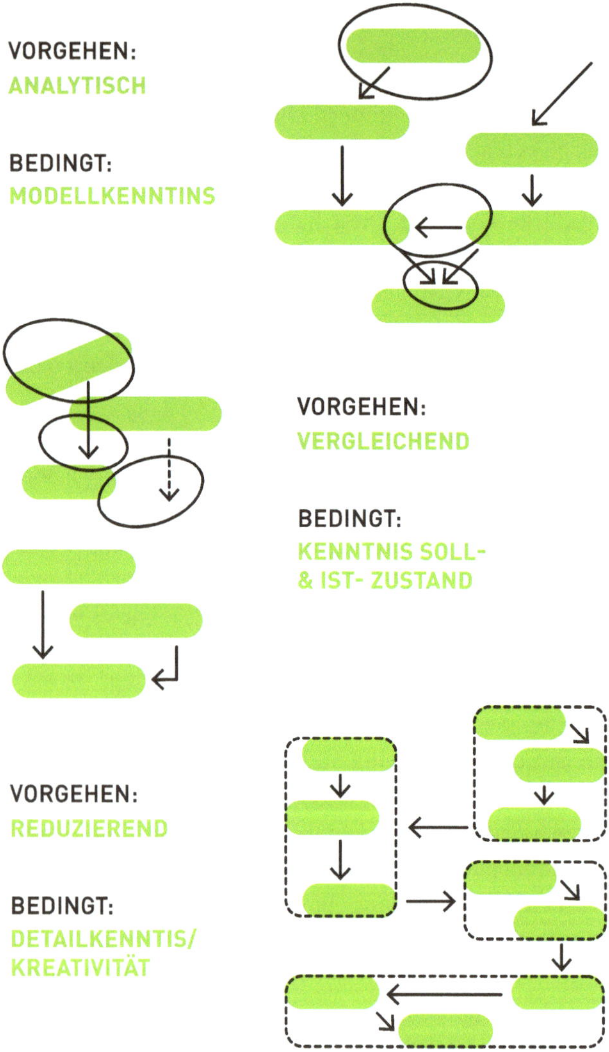

Abbildung 4: Problemerkennung (A1.1) je nach Kenntnisstand.

einmal das Problem möglichst breit zu fassen. Hierzu helfen sowohl Detailkenntnis als auch Kreativität – übrigens ein guter Grund, um das Team oder andere einzubinden. Wenn wir erst einmal alles Mögliche auf dem Tisch haben, gilt es das Problem zu *reduzieren*.

So schnell gibt Lukas nicht auf; er kommt in Fahrt. Auf seinem Tablet beginnt er die einzelnen Begriffe zu notieren und sie kurz darauf zu gruppieren. «Was machst du da?», fragt Sofia. «Problemerfassung» – murmelt Lukas. Der Bug, das Update und der Connector müssen wohl zusammen angeschaut gelöst werden, das lässt sich nicht so einfach trennen. Der Investor hingegen ist ein eigenes Thema – auch wenn es natürlich ebenfalls die Firma betrifft. «Ausstellung und Gig» gehören wiederum zusammen, da braucht es eine Lösung für beides. «He, weshalb schreibst du meinen Namen als Problem hin?» – Lukas lacht und antwortet: «Sorry, ich meinte ‹Klinik›. Für das machen wir nachher gleich eine eigene Problemerfassung. Ich muss nur kurz meinen Kopf aufräumen.» Er kreist die einzelnen Bereiche ein und nimmt ein neues Blatt Papier. «Klinik. Also, erzähl ...».

Lukas hat das gemacht, was wir in der heutigen Welt zunehmend benötigen: Er nimmt eine Komplexitätsreduktion vor. Er zerlegt das Problem in einzelne Teilprobleme und schafft damit Ordnung. Die Probleme sind immer noch da, aber sie nehmen jetzt Struktur an. Alles auf einmal überfordert uns leicht. Stück für Stück ist es aber nicht mehr so ein Problem.

Abbildung 5 hilft uns das besser zu verstehen – und besser anzuwenden. Je mehr Teilprobleme wir schaffen, desto geringer wird die Komplexität innerhalb der einzelnen Teilprobleme (gepunktete Linie). Allerdings nehmen auch die Abhängigkeiten zwischen den Teilproblemen zu, je mehr wir davon haben (gestrichelte Linie). Die Gesamtkomplexität setzt sich aus beiden Anteilen zusammen. Deshalb gibt es ein Optimum – selbst wenn wir es nicht kennen. Es sind aber häufig eher drei als dreissig Teilprobleme; Wenn Lukas die drei technischen Probleme separat lösen möchte, macht er sich das Leben vielleicht unnötig schwer.

Teilprobleme zu erkennen, braucht einiges an Erfahrung. Eine Informatikerin wird vielleicht auf Anhieb erkennen, dass «A und B zusammengehören, aber C getrennt werden muss». Deshalb lohnt es sich gerade bei neuartigen Problemen, die Mitarbeiter einzubinden. Oft ist das Team aber auch dankbar, wenn der Chef oder die Chefin die Problemerfassung schon vorgenommen hat: Führung bedeutet, Orientierung zu schaffen. Wir alle kennen diese Sitzungen: (Zu) viele kluge Köpfe starren einander an, fragen sich, was eigentlich das Problem sei, bis jemand

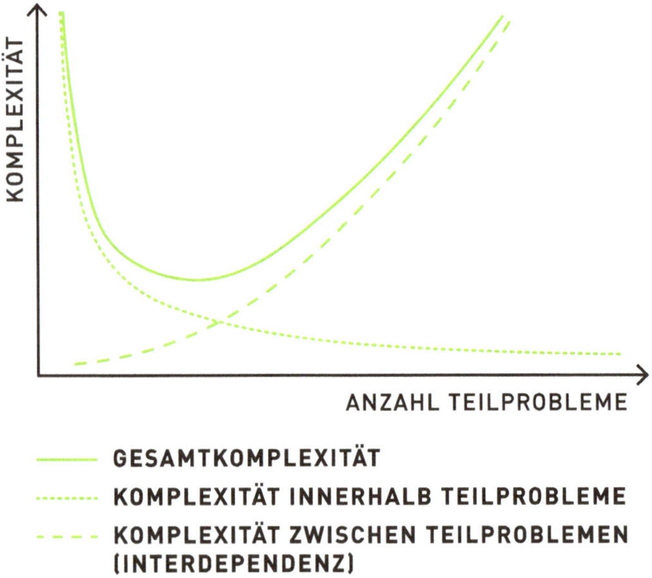

Abbildung 5: Komplexitätsreduktion durch Zerlegung in Teilprobleme.

ein Brainstorming vorschlägt. Dem können wir mit einer Problemerfassung vorgreifen.

Hilfreich ist auch: das Problem zu visualisieren, frei nach dem Motto «Ein Problem, das ich nicht zeichnen kann, habe ich nicht verstanden.» Je nach Problemstruktur kann das ein Modell sein, ein Zeitstrahl vom Ist zum Soll oder ein Mindmap.

Die Problemerkennung bildet den ersten und wichtigsten Schritt der Problemerfassung. Dabei geht es nicht nur darum, möglichst alles Relevante zu erkennen, sondern auch um die Frage, wie wir das Problem strukturieren. Zur Veranschaulichung hilft eine Analogie: «Der Kuchen kann auf verschiedene Arten geschnitten werden.»

Abbildung 6 zeigt vier Arten, einen Kuchen zu teilen – je nachdem, was wir damit anstellen wollen. Sind wir Verkäufer in der Konditorei, schneiden wir die Schwarzwälder-Torte in gleichmässige Stücke – mit jeweils einer Kirsche. Als Bäcker denken wir den Kuchen hingegen in Lagen: Boden, Schlagrahm, Zwischenboden, Schlagrahm, Deckel, Deko. Es wäre absurd, den Kuchen in vertikalen Stücken backen zu wollen. Der Lehrling im Lager denkt hingegen in Zutaten: Eier, Mehl, Zucker, Vollrahm, Schokolade, Kirschen, Kirsch … Dem Ernährungsberater wiederum ist das einerlei: Er sieht Fett, Kohlenhydrate und Proteine.

Was bedeutet das für Lukas? Betrachten wir seine Probleme bei *Eonify*. Er könnte sie nach Stakeholdern aufteilen: Die Teilprobleme hiessen dann «Kunde A», «Partner B», «VC» und «Fred». Er könnte aber auch nach Problemarten unterscheiden, also «Pitchen», «Tech» und «Compliance». Wichtig ist, dass die Teilaufgaben zusammen alles abdecken und sich nicht überlappen. Das ist nicht immer eindeutig: Der «Bug» betrifft vielleicht sowohl «Kunde A» als auch «Partner B» – ein Hinweis, dass die Aufteilung nach Stakeholdern hier nicht ideal ist.

Die Problemerkennung ist abgeschlossen, sobald wir die Teilprobleme festgelegt haben. Dazu gehört auch, den Teilprob-

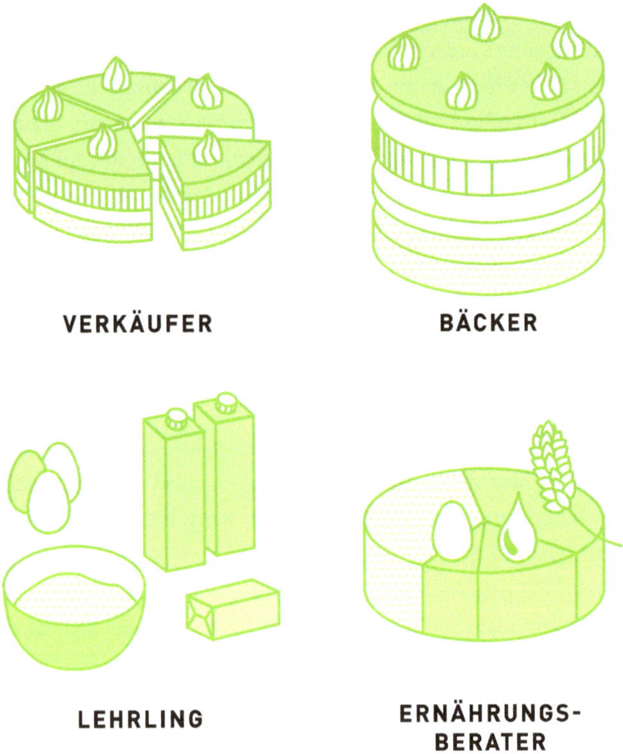

Abbildung 6: Mögliche Teilprobleme in Abhängigkeit vom Anwender.

lemen Namen zu geben – «naming is framing». Ob wir ein Problem «Fred», «Compliance» oder «Sicherheitskultur» nennen, macht einen offensichtlichen Unterschied.

Nun folgt *A1.2 Problembeschreibung*. Sie umfasst das Aufzählen von *Aufgaben* und *Handlungsrichtlinien*. Bei den Aufgaben listen wir erst einmal alles auf, was uns dazu in den Sinn kommt: eine eigentliche Taskliste für das jeweilige Teilproblem. In der Tabelle 1 haben wir das exemplarisch für das Teilproblem «Pitchen» gemacht. Daraus können später zahlreiche Unterpunkte entstehen; jetzt geht es nur um den Überblick. Handlungsrichtlinien dienen dazu, die Arbeit zu steuern. Meistens erlassen wir Handlungsrichtlinien für Mitarbeiterinnen oder Partnerinnen, aber wir können sie auch als Merkpunkte an uns selber richten. Tabelle 1 zeigt auch dafür einige Beispiele.

Nachdem wir die Problembeschreibung für alle Teilprobleme abgeschlossen haben, folgt die *A1.3 Problembeurteilung*. Dabei geht es um zwei Dinge: einerseits um die Priorität und andererseits darum, wer was wann machen wird.

Vielen ist das Eisenhower-Prinzip bekannt: Wir unterscheiden Aufgaben nach Wichtigkeit und Dringlichkeit. Das ist bei Checklisten sicher hilfreich und der beste Tipp lautet dort, das «Wichtige / nicht Dringende» vor dem «nicht Wichtigen / Dringenden» (da ja nicht wichtig) zu erledigen. Wir wollen aber einen Schritt weiter gehen, denn wir gehen davon aus, dass alle Teilprobleme einigermassen wichtig sind – sonst hätten wir sie längst aussortiert. Anders als bei unserer Post-it-Checkliste sind wir aber als Führungskraft auch nicht alleine.

Wir unterscheiden inhaltliche und zeitliche Prioritäten. Die zeitlichen sind schnell verstanden; als Führungskraft heisst das vielleicht «zuerst», vielleicht aber auch einfach «mehr Hände» (oder mehr Hirn …). Inhaltliche Prioritäten weisen hingegen auf Abhängigkeiten zwischen den Teilproblemen hin. Wenn Teilprobleme von der Lösung anderer Teilprobleme abhängen, hat die Reihenfolge einen Einfluss auf die Lösung.

Fassen wir anhand von Tabelle 1 noch einmal zusammen: Die *A1 Problemerfassung* besteht aus der *A1.1 Problemerkennung*, der *A1.2 Problembeschreibung* und der *A1.3 Problembeurteilung*. Dabei erfolgt die Problemerkennung meistens visualisiert (siehe Abbildung 4). In der Tabelle tragen wir nur die Titel der Teilprobleme ein, die wir erkannt haben.

Lukas murmelt: «Der VC ist mir bereits an den Startup Days aufgefallen – der setzt auf Speed. Der Pitch gibt so viel zu tun, da

A1.1	**Teilproblem**	«Pitchen»	«Tech»	«Compliance»	«Band»	«Klinik»
A1.2	**Aufgaben**	• Tech-Due-Diligence vorbereiten • Pitch Deck aktualisieren • Finanzkennzahlen aufbereiten • Datenschutz dokumentieren • Referenzen vorbereiten • Narrativ abstimmen • Termine koordinieren • …	• …	• …	•	Hier unterstütze ich Sofia bei einer eigenen Problemerfassung. Zuerst werden wir gemeinsam eine Problemerkennung «reduzierend» vornehmen, um die Teilprobleme zu erkennen.
	Prinzipien für das Vorgehen	• Denke aus Sicht des VC: Was würde dich davon überzeugen, dass wir skalieren können? • Keine Blackboxes. Alles, was wir zeigen, muss erklärbar sein – auch für einen Nicht-Techie. • …	• …	• …	•	
A1.3	**Prioritäten (inhaltlich / zeitlich)**	2 / 1	1 / 2	3 / 3	4 / 4	
	Verantwortlichkeit Mitarbeit	Emma, Sam, Lukas	Lukas, Sam	Emma	Lukas, Pesche	

Tabelle 1: Die A1 Problemerfassung setzt sich zusammen aus A1.1 Problemerkennung, A1.2 Problembeschreibung und A1.3 Problembeurteilung.

müssen wir zu dritt ran, damit wir es in der Zeit schaffen.» Er schreibt «/ 1» für die zeitliche Priorität und setzt drei Namen ein. «Klar, das nimmt Emma in die Hand. Die ganze Doku können sie aber erst abschliessen, wenn wir den Bug und den Patch hinkriegen. Das kriege ich mit Sam hin.» Also schreibt er bei Tech «1 / 2» und vervollständigt «2/1» beim Pitch. «Und das Compliance-Problem mit Fred? Ist halt auch Chefsache, aber das muss warten.» Lukas schreibt «3/3 – Emma» hin: «So werde ich es ihr morgen früh vorschlagen.» Lukas ist froh, dass sie als Team so reibungslos funktionieren. Sie ist Geschäftsführerin, er CTO – aber seine Vorschläge nimmt sie gerne auf.

2.2 Der Auftrag steht im Zentrum – *A2 Auftragsanalyse*

Soll Führung auftragszentriert oder menschenorientiert sein? Für uns ist klar: Sie muss beides sein. Dem «Menschen» widmen wir Kapitel 4, doch hier beginnen wir mit dem «Auftrag».

Warum das? Egal, wo und wen wir führen: Wir wollen damit gemeinsam etwas erreichen. Andernfalls könnten wir auf Führung verzichten und einfach gemeinsam eine gute Zeit haben. Für dieses *Etwas* verwenden wir den Begriff *Auftrag*. Wir könnten auch von einem Ziel oder einer Vision sprechen, aber wir wollen die Dinge beim Namen nennen.

Zuweilen geht es uns wie Lukas um 02:14 in der Küche: Da würden klare Aufträge für grosses Wohlgefallen sorgen. Es kann enorm frustrierend sein, nicht zu wissen, was von einem erwartet wird. Das trifft auf uns wie auf unsere Leute zu. Wo Klarheit fehlt, sollten wir sie herbeiführen. Mit anderen Worten: «Wer keinen Auftrag hat, sollte ihn selber definieren.»

Das gilt übrigens nicht nur für die hausgemachten Probleme oder selbst gestellten Herausforderungen. Auch gegenüber

Kunden oder Vorgesetzten kann es durchaus zielführend sein, einen prägnanten Auftrag vorzuschlagen: «Emma, ich bin nicht sicher, ich verstehe meinen Auftrag so … wie siehst du das?»

Im Kapitel 3.1 werden wir zeigen, wie wir Aufträge formulieren. Dort schlagen wir vor, Aufträge als Verhandlungssache zu verstehen. Ob so etwas funktioniert, ist auch eine Frage der Organisationskultur; das werden wir in Kapitel 4.2.1 vertiefen. Das heisst nicht, Aufträge kleinzureden, Fristen hinauszuschieben und die Ressourcen hoch zu handeln. Wir wollen, dass jeder und jede selbstständig einbringt, was er oder sie leisten kann – denn das wissen die Leute selbst am besten. Der US-General N. Schwarzkopf hatte es so formuliert: «Don't tell them how to do the job. Simply allocate resources, set standards and the results will exceed your expectations.»

Auftragszentrierte Führung entspricht übrigens der bekannten Empfehlung «Start with ‹why›» von Simon Sinek[30]. Dieses Warum ist selten eine abstrakte Angelegenheit wie der Glaube an die Punkrockszene oder die Vision eines Unternehmens. Viel häufiger liegt es auf einer menschlichen Ebene: im Vertrauen in die Menschen links und rechts – und in der Überzeugung, gemeinsam den Auftrag zu erfüllen.

Wir schlagen vor, die Grundhaltung «den Auftrag im Zentrum» genau in dieser Spannung zu verstehen: Wir orientieren uns an den Menschen um uns – aber ohne Auftrag bräuchten wir keine Führung. Wir könnten uns stattdessen einfach mit einem Bier an den See unserer Wahl setzen.

Alles gut. Doch was tun wir, wenn wir den Auftrag endlich erhalten, verhandelt oder definiert haben? Dann sind wir bereit für Schritt *A2 Auftragsanalyse*. Sie umfasst vier Bereiche:

- Bedeutung im Gesamtrahmen;
- erwartete Leistung;
- Handlungsspielraum;
- indirekte Unterstützung.

Es hat sich bewährt, diese vier Bereiche in einem Dreisprung *Fakten – Interpretation – Schlussfolgerungen* durchzudenken. Tabelle 2 hilft dabei. Wir arbeiten uns spaltenweise von links nach rechts durch. Meistens führen wir die Auftragsanalyse übrigens für ein einzelnes Teilproblem durch.

Im Folgenden geben wir zu jeder Spalte einige Tipps. Wichtig ist dabei: Die Tabelle soll uns nicht einengen – sie gleicht viel eher einem Kochrezept. Hilfreich bei neuen Aufträgen, rückt sie mit wachsender Erfahrung in den Hintergrund.

In einem ersten Schritt sammeln wir für alle vier Bereiche die verfügbaren Fakten. *Bedeutung im Gesamtrahmen* führt etwa aus, was unser Auftrag für die anderen in der Organisation – oder für die anderen Teilprobleme – bedeutet. Bei *Erwartete Leistung* empfiehlt es sich, unseren Auftrag – so wie wir ihn erhalten, definiert oder verhandelt haben – wortwörtlich einzutragen. Bei *Handlungsspielraum* halten wir fest, worin wir *frei* und worin wir gebunden (*fix*) sind. Es macht einen grossen Unterschied, ob die Deadline und das Budget fix sind, während wir in Qualität und Quantität Spielraum haben – oder umgekehrt. *Indirekte Unterstützung* umfasst all jene, die *nicht* unsere Mitarbeiter sind und die wir vielleicht vergessen: Das können Kollegen oder Externe sein, in einer grossen Organisation aber auch andere Stellen wie etwa das HR oder das Marketing.

Im zweiten Schritt geht es darum, die zuvor gesammelten Fakten zu *interpretieren*. Das soll möglichst bereichsübergreifend passieren. Wenn unser Teilprojekt entscheidend ist für die Firma (*Bedeutung im Gesamtrahmen*), dann dürfen wir auch mit Priorität auf andere Stellen zugreifen (*Indirekte Unterstützung*). Wenn wir inhaltliche Gestaltungsfreiheit geniessen (*Handlungsspielraum*), können wir nicht nur die Minimalleistung erbringen, sondern etwas, das deutlich darüber hinaus geht (*Erwartete Leistung*).

Im dritten Schritt halten wir schliesslich die *Schlussfolgerungen* fest. Das können Dinge sein, die wir direkt tun (P → Pendenzenliste), mögliche Lösungsansätze, die wir später prüfen wollen (L → Input für *A4 Variantenentwicklung*) oder Erfolgskriterien, die wir später beachten sollten (E → Input für *A5 Variantenbeurteilung*).

Tabelle 2 führt das Teilproblem «Band» weiter aus. Weil die Band nichts mit den *Eonify* betreffenden, zusammenhängenden Teilproblemen zu tun hat, ist eine separate Auftragsanalyse angebracht. Zunächst sammeln wir zu allen Aspekten Fakten. Dazu gehört auch, den Auftrag festzulegen – wenn er nicht von oben kommt, so kommt er von innen. Für Lukas ist klar: Das Konzert von *Zurich Voltage* findet statt und Pesche kann seine wichtige Ausstellung in London durchziehen. Er hält das als Faktum im Kästchen *Erwartete Leistung* fest – wir könnten es auch als Arbeitshypothese bezeichnen.

Danach *interpretiert* Lukas alle Fakten und hält dies in der zweiten Spalte fest. Dabei sollen die Zusammenhänge möglichst bereichsübergreifend – also über die Zeilen hinweg – erkannt werden. Merette etwa, die als Drummerin der befreundeten Band *Kellerprotokoll* unterstützen könnte, eröffnet die Option, dass der Auftritt am Greenfield auch ohne Pesche stattfindet. Das ist sicher nur eine Minimallösung, aber besser als eine Absage des Konzerts oder der Ausstellung.

Zum Schluss hält Lukas die Schlussfolgerungen fest: Merette anzufragen, ob sie überhaupt verfügbar wäre, ist eine Pendenz (P), das kann die Band tun, ohne einen Entscheid vorwegzunehmen. Pesches Flugtermin am Freitag und eine mögliche Ersatzdrummerin sind Lösungsansätze (L). Und ein Erfolgskriterium (E) erkennt er auch: Als Band gemeinsam eine gute Zeit zu haben ist wichtiger als der Erfolg auf der Bühne. Das könnte später entscheidend sein.

	Fakten	Interpretationen	Schlussfolgerungen
Bedeutung im Gesamtrahmen	• Der Auftritt am Greenfield wäre ein Höhepunkt in der bisherigen Bandgeschichte • Die Ausstellung in London ist für Pesche finanziell wichtig	• Der Auftritt ist ein Scheideweg; wie hoch wollen wir, wie viel wollen wir investieren? • An der Ausstellung geht es darum, Kontakte zu knüpfen	• (L) Ersatzdrummer(in) finden • (L) Ausstellung in London vor dem Auftritt vorbereiten • (L) Erst am Freitag nach London • (L) Bandprojekt einstellen, weil nicht mehr mit beruflichen Verpflichtungen kompatibel • (P) Merette anfragen, ob sie überhaupt verfügbar ist • (P) In Erfahrung bringen, wie viel Vorbereitungszeit die Ausstellung erfordert und ob sie schon anfangs Woche vorbereitet werden könnte • (E) Als Band gemeinsam eine gute Zeit zu haben ist wichtiger als Erfolg auf der Bühne
Erwartete Leistung	Das Konzert von *Zurich Voltage* findet statt und Pesche kann seine wichtige Ausstellung in London durchziehen	min: Das Konzert findet irgendwie statt, die Ausstellung auch max: Pesche spielt am Konzert und stellt in London aus	
Handlungsspielraum	fix: • Datum Auftritt Donnerstag • Datum Ausstellung Sa/So frei: • Vorbereitung Ausstellung • Zusammensetzung Band	• Die Daten könnten knapp aneinander vorbeigehen • Es hängt davon ab, wann Pesche in London sein muss	
Indirekte Unterstützung	• Merette, die Drummerin von *Kellerprotokoll* • Andy, Studienkollege von Pesche, der in London studiert	• Merette könnte Pesche am Open-Air vertreten • Andy könnte Pesche in London vertreten	

Tabelle 2: Die Auftragsanalyse umfasst vier Bereiche. P → Pendenzenliste, L → Input für A4 Variantenentwicklung, E → Input für A5 Variantenbeurteilung.

2.3 Wo geht's lang? – *A3 Orientierungsmeeting*

Wir haben zwar schon über Führung gesprochen, aber wenn wir uns in Lukas hineinversetzen, hat er bis hierhin noch ganz für sich alleine gearbeitet – ohne andere zu führen. Er hat zwar sein Problem in Teilprobleme zerlegt (*A1*) und seinen Auftrag analysiert (*A2*), aber eine wesentliche Zutat fehlt für die Führung: die Geführten. Um es mit John C. Maxwell[31] zu sagen:

> He who thinks he leads,
> but has no followers,
> is only taking a walk.

Höchste Zeit, die anderen einzubinden.

Viele Menschen – auch mit Führungserfahrung – sind überzeugt, dass Entscheiden die wichtigste Führungstätigkeit ist. Wir wollen hier eine andere Sichtweise vertiefen, die wir schon in Kapitel 1.6.2 vorgestellt haben: Entscheiden ist wichtig, aber noch wichtiger ist das *Orientieren*. Diese Sicht steht im Zentrum der Führungsphilosophie, die wir *Auftragstaktik* nennen. Mancherorts spricht man auch von «Führen mit Absicht», «conduite par objectifs» oder «Mission Command». «Führung durch Orientierung» wäre wohl der präziseste Ausdruck, aber wie an anderer Stelle wollen wir nicht gegen Begriffe kämpfen, sondern ihre Bedeutung klären.

Aus Kapitel 1.4 wissen wir: Der nächste Schritt ist entscheidend. Wir nennen ihn *A3 Orientierungsmeeting*, denn im Geschäftsalltag sprechen wir typischerweise von Meetings – egal, ob physisch oder virtuell. Im Verein wäre es ein Orientierungshöck, im Militär ein Orientierungsrapport. Entscheidend ist der Inhalt, nicht der Begriff.

Im Orientierungsmeeting binden wir jene ein, die wir führen – oder mit denen wir gemeinsam führen. Das können das eigene Team, einzelne Mitarbeiterinnen, Partner oder andere Stakeholder sein.

Oft ist das Orientierungsmeeting Teil eines regelmässigen Führungszyklus (siehe Kapitel 1.3). Doch wenn – wie bei Lukas am Küchentisch – ein völlig neues Problem auftaucht, hören die andern unsere Überlegungen vielleicht zum ersten Mal.

Gerade dann sollten wir nicht sofort entscheiden. Im Gegenteil: Wir müssen manchmal aktiv gegen unsere Neigung ankämpfen, unmittelbar Lösungen zu präsentieren und zu entscheiden. Das hat mit Passivität oder Entscheidungsschwäche nichts zu tun, im Gegenteil. Es folgt einer Überzeugung, die der Organisationspsychologe Karl E. Weick treffend formuliert hat: Wir brauchen weniger *Entscheidungsfindung* und mehr *Sinnfindung*.

Abbildung 7 zeigt, warum: *Decision Making* oder Entscheidungsfindung richtet sich auf die Zukunft – aber die kennen wir nicht. In komplexen Situationen (Kapitel 1.1) entwickelt sich das Geschehen rasch und oft anders als geplant. Folglich müssen wir

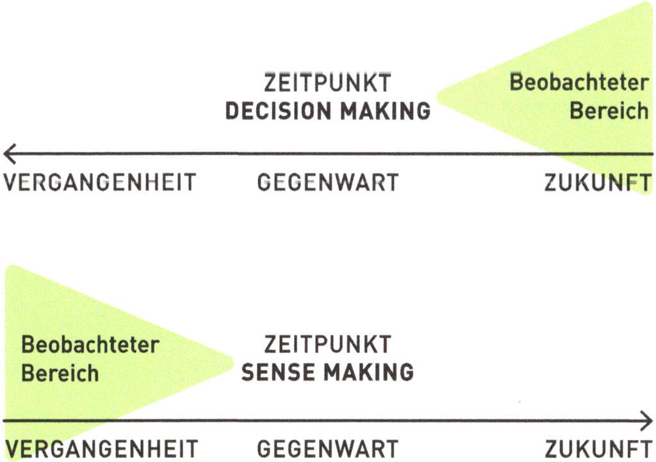

Abbildung 7: Sense Making vs. Decision Making nach Karl E. Weick.

unsere Entscheidungen fortlaufend nachjustieren – was die Organisation bremst und die Menschen ermüdet.

Sinnfindung (*Sense Making*) als Alternative blickt hingegen auf den Weg, den wir bis hierin gegangen sind. Als Menschen in einer konkreten Organisation und in einem gegebenen Kontext folgen wir bestimmten Abhängigkeiten. Indem wir die Dynamiken, Abhängigkeiten und Kontexte besser verstehen, sind wir besser auf die Zukunft vorbereitet – und bereiten uns nicht nur wirksamer, sondern auch verlässlicher auf die Zukunft vor.

Tabelle 3 zeigt die mögliche Struktur eines *A3 Orientierungsmeetings*. Es geht darin nicht darum, flüchtige Details zu verbreiten, sondern das Gesamtbild zu vermitteln. So geben wir allen, was sie benötigen, um zu einem späteren Zeitpunkt eigene Entscheide zu treffen. Dabei wollen wir nicht die Verantwortung delegieren – diese bleibt bei uns –, wohl aber die Kompetenzen.

Nr	Traktandum	Bemerkungen	Zeit	Lead
1	Ziele des Meetings	z. B. «Info Gleichstand»	2'	Chefin
2	Informationen	Auslöser, Ereignis, …	5'	Chefin
3	Problemerfassung	Was ist alles los? Worum geht es hier?	15'	CTO
4	Aufgabenanalyse	Schlussfolgerungen	15'	CTO
5	Liste der Sofortmassnahmen und Pendenzen	Werden laufend aufgenommen	5'	Assist
6	Zeitplanung	extern = für das Projekt intern = für das Team	5'	Assist
7	Liste der Schlussfolgerungen	Übersicht aufzeigen / in Erinnerung rufen	5'	Assist
8	Umfrage		5'	Alle
9	Nächstes Meeting	Entscheidungsfindung	3'	Assist

Tabelle 3: Exemplarische Traktandenliste für ein Orientierungsmeeting.

Am nächsten Morgen steht Lukas früher auf als sonst. Er hatte sich mit Emma kurzgeschlossen, die auch noch bis halb drei wach war. Sie hatte ihre Zielsetzungen gleich festgelegt und ihm ansonsten freie Hand gegeben. Um sieben Uhr treffen sich nun Lukas, Emma, Toni und Fred zu einem kurzen Meeting im Projektraum. «Kein Daily – nur Orientierung», stellt Emma klar. Die Kaffees dampfen, auf dem Bildschirm erscheint eine Skizze: drei farbige Kreise mit Schlagworten. «Lukas hat versucht, unsere Lage zu ordnen. Drei Baustellen: Pitch, Technik, Compliance.»

Nun geht Lukas durch die Probleme, beschreibt knapp, was Sache ist – und was unklar bleibt. Emma ergänzt Details zum VC, Fred nickt beim Tech-Block, wirkt aber angespannt. «Keine Sorge», sagt Lukas, «wir entscheiden heute nichts. Es geht erst mal um den Überblick. Ich will, dass wir alle das gleiche Bild haben.»

Dann zeigt Lukas auf den Prioritätenbalken. «Tech zuerst, dann Pitch. Compliance danach. Aber: Das ändern wir, sobald möglich.» Fred wirkt betreten. Lukas betont: «Wenn euch was auffällt – Ergänzungen, Widersprüche – dann jetzt. Später wird's hektisch.»

Emma meldet sich: «Der VC will das Pitch Deck bis Freitag. Das ist sportlich.» – «Gut, dann braucht's mehr Hände», sagt Lukas. Toni trägt die Pendenzen ein. Emma blickt in die Runde: «Von null bis fünf: Wie gut passt euch die Richtung?» Eine drei von Fred, alle anderen geben die volle Hand. Lukas schaut auf die Uhr. «Danke. Nächstes Meeting morgen, gleiche Zeit. Bis dann bitte alle Punkte mit * erledigt.» Zum Glück hat er in der Offiziersschule gelernt, auch mit wenig Schlaf zu liefern. Emma blinzelt ihm kurz zu – und er denkt: In so einem Team können sogar Probleme Spass machen.

Es war kein grosser Entscheid gefallen. Aber alle wussten, wohin die Reise geht. Führung durch Orientierung.

2.4 Es kommt drauf an – *A4 Lagebeurteilung*

Lukas blickt auf die Flipchart: 8 Karten. Er muss an seine 8 Tabs aus der Märznacht denken. Rückblickend eigentlich nur einfache, maximal komplizierte Probleme. Nun ist April und das Problem ist komplex. Die Karten stehen für unterschiedliche Varianten. Emma sitzt ihm gegenüber und klebt eine neunte Karte hin: «Security-as-a-Service für Arztpraxen». Lukas seufzt. «Das ist halt wieder ein Pivot. Und was heisst das für unseren Schwerpunkt?» – «Was heisst Pivot», meint Emma trocken, «das ist ein Vorschlag. Der VC fragt, wie wir skalieren wollen, und das ist eine weitere Variante.»

Der VC war nach dem ersten Gespräch nicht abgesprungen, im Gegenteil. Gestern hatten sie einen weiteren Call und heute kam das Mail: «Könnt ihr euch ein Sparring mit einem Münchner Start-up vorstellen, das etwas Ähnliches für Steuerberater macht?» Lukas' erster Gedanke: «Steuerberater in Deutschland? Nein danke». Aber die Chance lag auf der Hand – und die Berater wären ja das Problem der andern. «Wir müssen nur wissen, was wir wollen.»

Das Investment steht also im Raum – und ist natürlich an Bedingungen geknüpft. 500 000 Franken, wenn das Produkt bis Oktober «investierbar» ist. Was das heisst? Gute Frage. Klarer Markt. Tragfähiges Modell. Skalierbare Architektur. Alles Mögliche.

Lukas blickt zum Fenster raus und sieht dem Tram nach. «Nr. 6, Bahnhof Enge», liest er die Aufschrift, «Was war noch einmal

Variante 6?» Fred unterbricht gestikulierend: «Nix da Enge, wir wollen in die Weite! Ab zum Flughafen.» – «Das wäre dann die Nr. 10», meint Emma und greift theatralisch ein weiteres Kärtchen. Allseits Gelächter, Fred ist wieder dabei. Klar, bei Meetings neigen sie manchmal zum Abschweifen. Aber alle wissen auch: Die Stimmung passt – und mit etwas Struktur kommt auch der Fokus.

Es gibt *komplexe* Probleme, die wir zu *einfachen* oder allenfalls *komplizierten* Teilproblemen zerlegen können (siehe Kapitel 1.1 und Kapitel 2.1). Manche Probleme bleiben trotz Zerlegung komplex – die Zerlegung mag helfen, aber die Bestandteile sind untrennbar verschränkt. Investitionen sind typische Beispiele: Wir können sie in Teilprobleme wie Produkt, Vertrieb, Architektur, Liquidität usw. zerlegen, aber es hängt alles zusammen.

Für solche Situationen führen wir als Schritt die strukturierte *A4 Lagebeurteilung* ein. Dabei sammeln wir *Fakten* über das Umfeld, *interpretieren* sie und leiten daraus *Schlussfolgerungen* für unser Handeln ab. Dieser Dreisprung ist derselbe wie in der *A2 Auftragsanalyse* (Kapitel 2.2). Wir wenden ihn nun einfach auf die verschiedenen Bereiche an, die uns als Organisation betreffen. Doch welche Bereiche sind gemeint?

In den vergangenen Jahrzehnten wurden für Lagebeurteilungen verschiedene Schemen vorgeschlagen, um diese Bereiche zu umfassen. Tabelle 4 weist einige Beispiele aus.

Je nach Problemart kann es sinnvoll sein, auf ein bekanntes Schema zurückzugreifen: SWOT für eine oberflächliche Analyse, AUGEZ bei taktisch-militärischen Fragen, PESTLE für eine strategische Makrobeurteilung. Diese Verfahren sind verbreitet – wir sollten sie zumindest dem Namen nach kennen.

Name	Herkunft	Vorteile	Nachteile
SWOT-Analyse	Aguilar (1967), Weihrich (1982)	Einfach und generisch	Oberflächlich und unspezifisch
Beurteilung nach AUGEZ	Schweizer Armee (2018)	Ganzheitlich (Mikro – Makro)	Militärspezifisch (Bsp. G = Gegner)
Branchen-strukturanalyse	Porter (1980)	Spezifisch für Unternehmen	Spezifisch für Unternehmen
STEP / PESTLE / STEEPLE / …	z. B. Kottler & Keller (2017)	Strategisch weitreichend	Auf Makroebene beschränkt

Tabelle 4: Verschiedene Schemen zur Lagebeurteilung.[32]

Wenn kein spezifisches Schema passt, schlagen wir einen allgemeineren Weg ein: das aus der Management-Literatur bekannte Drei-Umwelten-Modell[33]. Es vermeidet die Beschränkung der obigen Verfahren und umfasst drei Umfelder:

- Das *Interne Umfeld* (Internal Environment) können wir steuern.
- Das *Nahe Umfeld* (Near Environment) können wir beeinflussen.
- Das *Ferne Umfeld* (Far Environment) können wir vorhersehen.

Wir erweitern dazu die etablierte PESTLE-Analyse für das Ferne Umfeld um eine SCAPE-Analyse für das Nahe und eine CRISP-Analyse («klar und prägnant») für das Interne Umfeld. Tabelle 5 weist die einzelnen Faktoren aller Umfelder aus.

Das Modell CRISP-SCAPE-PESTLE ist eine Maximallösung. In der Praxis streichen wir zunächst die nicht relevanten Faktoren, bevor wir den Dreisprung *Fakten – Interpretationen – Schlussfolgerungen* auf jede Faktorengruppe anwenden.

Dabei gehen wir wie folgt vor: Zu jedem Umfeld (Intern, Nah, Fern) wählen wir erst die relevanten Faktoren (erste Spalte in der Tabelle 5), bevor wir Fakten, Interpretationen und Schluss-

Faktoren	Fakten	Interpretationen	Schlussfolgerungen
Intern (CRISP) • **Culture** • **Resources** • **Information** • **Structure** • **Processes**	• Aktuelle Deployment-Zyklen dauern Ø 9 Tage • Hoher manueller Aufwand • Sam ist als Entwickler überlastet, Motivation sinkt	• Mangelnde Prozessstabilität verursacht operative Ineffizienz • Überlastung gefährdet Know-how-Erhalt und Innovationskraft	• (L) Exklusivpartnerschaft mit klaren Konditionen verhandeln • (L) Strategie der offenen Schnittstellen beibehalten und ausbauen • (L) *Eonify* an Partner verkaufen • (P) Standardisierter Deployment-Prozess mit Dokumentation einführen • (P) Ressourcenplanung anpassen, Auslastung transparent monitoren • (E) Kundentransparenz: nur kommunizierbare Lösungen • (E) Iterationsfähigkeit: Die Lösung kann in kurzen Zyklen getestet und angepasst werden
Nah (SCAPE) • **Stakeholders** • **Competitors** • **Allies** • **Platforms** • **Ethics**	• Schlüsselpartner X will kurzfristig neue Schnittstelle • Konkurrent bietet gratis Onboarding für Neukunden • Münchner Partner verlangt Exklusivität	• Technische Abhängigkeiten gefährden Partnerschaften • Marktdruck erhöht Preiserwartungen und senkt Margen • Der Partner übertrifft uns an Marktmacht und Finanzgewicht	
Fern (PESTLE) • **Politics** • **Economy** • **Society** • **Technology** • **Law** • **Ecology**	• Neue KI-basierte IDS-Module am Markt • Wachsende Datenschutzsensibilität bei Endkunden • Neue EU-Richtlinien zu Cyber-Security in 6 Monaten, Anforderungen noch unklar	• Prozess-Stabilität kann technisch gelöst werden • Vertrauenswürdigkeit wird zunehmend zum Kaufkriterium • Rechtsunsicherheit hemmt klare Produktentscheidungen	

Tabelle 5: Die Lagebeurteilung basiert auf Umfeldfaktoren.

folgerungen sammeln. Die unterschiedlichen Schlussfolgerungen sind nach wie vor Lösungsansätze (L), Pendenzen (P) und Erfolgskriterien (E).

Eine weitere Methode, die nur in bestimmten Situationen notwendig wird, ist das Denken in Szenarien. Manchmal ist es überlebenswichtig – manchmal überflüssig. Ob es sich lohnt, hängt von zwei Aspekten künftiger Entwicklungen ab: dem Grad der Unsicherheit und dem Ausmass des Impacts (siehe Abbildung 8).[34]

So sind etwa die Energiepreise schwer vorherzusagen, aber für *Eonify* von geringer Bedeutung. Umgekehrt wird sich der Einsatz von KI für Schnittstellen ziemlich sicher durchsetzen –

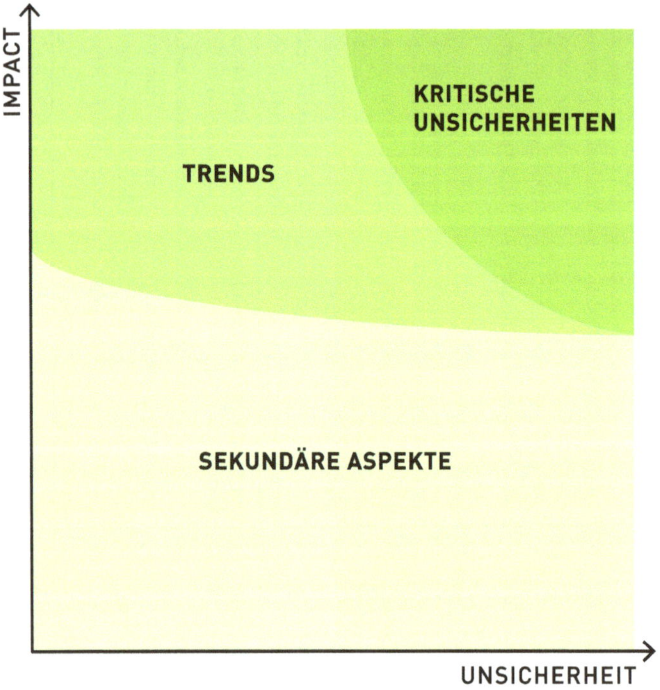

Abbildung 8: Kritische Unsicherheiten erfordern Denken in Szenarien.

und hat grossen Einfluss. Beides verlangt kein Szenariodenken: Im ersten Fall ist der Impact zu klein, im zweiten die Entwicklung zu klar.

Anders sieht es bei den neuen EU-Richtlinien aus: Sie könnten sich in sehr unterschiedliche Richtungen entwickeln – und sind für *Eonify* geschäftskritisch. Hier lohnt es sich, Szenarien zu definieren und Lösungen für alle Möglichkeiten durchzudenken.

Ein Wort der Warnung

Die bisher beschriebene Arbeitsweise folgt einer klaren Struktur. Im Idealfall bilden die Schlussfolgerungen aus der *A2 Auftragsanalyse* und aus der *A4 Lagebeurteilung* den Ideenvorrat für die *A5 Variantenentwicklung* (siehe Kapitel 2.5).

Alle diese Schritte zur Lösungsfindung sind im OODA-Loop (Kapitel 1.6) eingebettet – einem zyklischen Modell zur Problemlösung in komplexen Lagen. Die strukturierte Herangehensweise stellt eine bewusste Objektivierung dar. Sie hilft, das «Einschiessen auf die erstbeste Lösung» und andere Wahrnehmungsverzerrungen (siehe Kapitel 4.3.1) zu verhindern.

Und dennoch: Unser Ansatz ist kein analytisches, sondern ein heuristisches Verfahren (siehe Kapitel 1.1). Das Modell ist hilfreich, aber es birgt auch die Gefahr, dass der Prozess als Automatismus verstanden wird – da ist ein Wort der Warnung angebracht.[35]

Heuristische Verfahren garantieren keine optimalen, sie liefern lediglich brauchbare Lösungen. Wer sich zu sehr auf ein solches Verfahren verlässt, unterliegt einem Trugschluss. Führung – auch auftragszentrierte – ist weit mehr als nur das konsequente Ableiten von Schlussfolgerungen aus Zahlen, Daten und Fakten. Führung ist mindestens ebenso sehr Kunst wie Wissenschaft.

In der Lagebeurteilung geht es auch darum, das Wesen des Problems zu verstehen. Das ist keine Frage des Verfahrens, sondern der Erfahrung und Intuition. Gerade das unterscheidet menschliche Führung von algorithmischer Problemlösung. Deshalb beschreiben wir den letzten Aspekt der Lagebeurteilung nicht als Wissenschaft, sondern als Kunst.

Es geht um die Kunst, die Dimensionen unseres Entscheidungsraums zu erkennen. Die *A4 Lagebeurteilung* hilft uns dabei. Die beiden Lösungsansätze (L) in Tabelle 5 deuten auf ein mögliches Spannungsfeld hin: «Exklusive Partnerschaft» versus «offene Schnittstellen». Hier liegt ein Scheideweg, der die Zukunft von *Eonify* wesentlich beeinflussen dürfte.

Wenn Emma mit dem Grundsatz in die Verhandlung geht: «Wir sind bereit, unsere Policy aufzugeben, um ein exklusives Teaming zu ermöglichen», wird das Gespräch anders verlaufen als mit der Haltung: «Wir wollen die Zusammenarbeit, aber unsere offenen Schnittstellen gehören zum Markenkern und sind nicht verhandelbar.» Auch ohne tiefes Fachwissen spüren wir diese Weggabelung – und selbst mit Fachwissen weiss Emma nicht mit Gewissheit, welche Variante den grösseren Erfolg bringt.

Solchen Varianten stellen wir uns im Folgekapitel. Zuvor gilt es, die Entscheidungsdimensionen zu benennen. Bei *Eonify* könnten das etwa sein «Offenheit versus Exklusivität», aber auch «Wachstum versus Konsolidierung» oder «AG versus GmbH». Einige Dimensionen können zusammenfallen, andere im Widerspruch stehen. Die Unterscheidung ist keine Nebensache, sondern eine Führungsaufgabe.

Aus dem Militär weiss Lukas, dass sich taktische Lösungen in einer von drei typischen Dimensionen unterscheiden: Organisation, Schwergewicht und Reserve. Nicht militärische Probleme sind zwar vielfältiger, aber häufig lassen sich ihre Dimensionen auf dieselben Grössen reduzieren:

- Wie stelle ich mich auf?
- Wo setze ich meinen Fokus?
- Welche Ressourcen behalte ich wofür in der Hinterhand?

2.5 Denken in Varianten – *A5 Variantenentwicklung*

Denken in Varianten ist ein unumstösslicher Grundsatz heuristischer Verfahren. Dazu leiten wir Varianten her (A5.1), prüfen sie (A5.2) und bewerten sie (A5.3), um die mutmasslich beste zu bestimmen.

Es lohnt sich zu verstehen, weshalb das Denken in Varianten für heuristische Verfahren so entscheidend ist – im Gegensatz zu analytischen Verfahren. Das hängt mit der Natur komplexer Situationen zusammen (Kapitel 1.1): Die optimale Lösung ist grundsätzlich nicht erkennbar; wir können uns ihr nur annähern.

In der Praxis erfordert diese Annäherung drei Schritte: Erstens entwickeln wir mehrere Lösungsmöglichkeiten. Zweitens prüfen wir, welche davon das Problem überhaupt lösen können. Und drittens definieren wir Kriterien, um zu beurteilen, welche Variante dem (unbekannten) Optimum am nächsten kommt.

Varianten zu entwickeln ist eine Kunst. Hier ist *Exploration* gefragt, nicht *Exploitation* (Kapitel 1.5). Der Nutzen von Schemen und Prozessen ist entsprechend begrenzt. Die Lösungsansätze (L) der *A2 Auftragsanalyse* (Tabelle 2) und der *A4 Lagebeurteilung* (Tabelle 5) lassen sich nur selten direkt zu Varianten gruppieren. Hilfreicher ist es, mit dem Konzept der Entscheidungsdimensionen (Kapitel 2.4) zu arbeiten.

Sofia und Lukas diskutieren ihre Ferienpläne: Städtetrip nach Oslo oder Kajakfahren in Portugal? Die beiden ersten Ideen führen beinahe zum Streit: «Ich will doch nicht in den Süden, es ist schon hier zu heiss» – «Ich verbringe das ganze Jahr in der Stadt, ich muss in die Natur.» Wenig später einigen sie sich auf eine Kanutour im schwedischen Värmland.

Sofia und Lukas haben in ihren ursprünglichen Varianten zwei Dimensionen vermischt: «Stadt vs. Natur» und «Norden vs. Süden». Sobald ihnen das bewusst wird, verlassen sie den engen Variantenraum und erschliessen weitere Kombinationen: ein Städtetrip nach Barcelona, der bei beiden gleichermassen durchfällt – und schliesslich die rettende Kanutour.

Gewiss, die Ferienplanung kann komplex werden – und erst recht die Entwicklung eines Start-ups. Die eigentliche Kunst liegt nicht nur im Erkennen der Dimensionen, sondern auch im Fokussieren auf die relevanten Diskussionen. Kanu oder Kajak, Portugal oder Spanien – das sind nachrangige Fragen. Wir gewinnen schon viel, wenn wir diese als solche erkennen und deren Beantwortung auf später vertagen. Wenn der Satz fällt: «Eigentlich geht es doch darum, ob X oder Y», sind wir den echten Varianten auf der Spur.

Sobald mehrere Lösungsansätze vorliegen, prüfen wir in A5.2, welche wir weiterverfolgen. Bei unklaren, mehrdeutigen oder überlappenden Varianten hilft ein Schema wie AMTUV (Tabelle 6). Im Minimalfall prüfen wir, ob die Variante überhaupt das Ziel erreicht und tatsächlich machbar ist. Es geht in diesem Schritt also noch nicht darum, die beste Lösung zu finden; das folgt erst später. Da dieser nächste Schritt jedoch aufwendig ist, lohnt sich eine Vorprüfung – auch, um Überlappungen zu erkennen. Nur Varianten, die alle fünf Kriterien erfüllen, kommen in die *A5.3 Variantenbewertung*. Varianten mit Lücken werden überarbeitet – oder, wenn nicht erfüllbar, gestrichen.

Nach der Prüfung und allfälligen Überarbeitung bewerten wir nun in A5.3 die übrig gebliebenen Varianten, um abzuschätzen, welche dem unbekannten Optimum am Nächsten kommt.

Angemessenheit	Entspricht die Variante allen Handlungsrichtlinien und erreicht sie das Ziel?
Machbarkeit	Sind die Ressourcen verfügbar? Ist die Variante legal?
Tragbarkeit	Sind die Risiken tragbar? Ist der Aufwand verhältnismässig?
Unterscheidbarkeit	Unterscheidet sich die Variante wesentlich und eindeutig von den anderen?
Vollständigkeit	Werden die Fragen «wann? wer? was? wo? wie?» beantwortet?

Tabelle 6: Die Lösungsansätze werden anhand von fünf Kriterien geprüft.

Wie soll das gehen? Für die Variantenbewertung A5.3 bietet die Literatur ein Spektrum von rein intuitiven bis zu streng rationalen Verfahren an, zu dem wir jeweils ein Beispiel nennen:

1 Intuitiv (Entscheidungen nach Bauchgefühl)	Intuition ist ein kognitiver Prozess, der nicht mit emotionalen Prozessen (Entscheide aus dem Affekt) zu verwechseln ist.
2 Einfach-heuristisch (Entscheidungen nach festen Regeln)	Wenn eine Chefin immer die billigste oder die risikoärmste Variante wählt, sind das einfache Heuristiken.
3 Strukturiert-heuristisch (Stärken-Schwächen-Vergleich)	Das untenstehende Vorgehen, das in unserer Erfahrung in vielen Situationen einen guten Kompromiss darstellt.
4 Hybrid (Nutzwertanalyse mit subjektiver Gewichtung)	Eine weitere Objektivierung mittels Punktevergabe oder Monetarisierung ist nur sinnvoll, wenn die Kriterien messbar sind.
5 Strukturiert-quantitativ (Analytical Hierarchy Process)	Ausgeklügelte Verfahren vermögen auch Unsicherheiten in der Bewertung bis zu einem gewissen Mass aufzufangen.
6 Rational (Simulationen, z. B. Monte-Carlo-Simulationen)	Aufwendige Verfahren vermögen beachtliche Komplexitäten zu bewältigen, sind aber nur so gut wie die getroffenen Annahmen.

Tabelle 7: Ein Spektrum von rein intuitiven bis zu streng rationalen Verfahren.

In den meisten Situationen bietet eine strukturiert-heuristische Herangehensweise (Nr. 3) wie der Stärken-Schwächen-Vergleich einen guten Kompromiss: Intuitivere Verfahren (1, 2) nutzen nicht alle verfügbare Informationen und bringen nur einen geringen Zeitgewinn, während rationalere Verfahren (4, 5, 6) deutlich aufwendiger sind – und oft eine Genauigkeit suggerieren, die angesichts der Datenlage nicht vertretbar ist. Das hängt eng mit den Eigenschaften heuristischer Verfahren (Kapitel 1.1) zusammen, die definitionsgemäss auf Erfahrungswerten basieren.

Institutionen können solche Erfahrungswerte kodieren. «Die Prinzipien von *Eonify*» oder «Unsere Unternehmenswerte» sollten mehr sein als polierte gepresste Ergebnisse aus Brainstorming oder Agenturworkshops. Wenn wir solche Grundsätze für heuristische Verfahren nutzen wollen, müssen sie aus früheren Erfahrungen destilliert sein – sowohl aus eigenen als auch aus fremden. Für Ersteres setzen erfolgreiche Organisationen After-Action Reviews ein (siehe Kapitel 5.3), für Letzteres hilft: lesen, lesen und noch einmal lesen. Der frühere General und Verteidigungsminister Jim Mattis[36] schrieb dazu:

> If you haven't read hundreds of books,
> you are functionally illiterate,
> and you will be incompetent,
> because your personal experiences alone
> aren't broad enough to sustain you.

Als Beispiel führen wir die neun Einsatzgrundsätze der Schweizer Armee auf. Sie gehen auf den preussischen Strategen Carl von Clausewitz[37] zurück und finden sich in ähnlicher Form in allen westlichen Streitkräften. Einige lassen sich ohne Weiteres in andere Kontexte übertragen; auf jeden Fall bieten sie aber wertvolle Inspiration für die Entwicklung eigener Grundsätze:

- *Ausrichten auf das Ziel*: jegliches Handeln auf das durch den Auftrag vorgegebene Ziel ausrichten;
- *Schwergewichtsbildung*: Lücken in Kauf nehmen, um an entscheidender Stelle eine Überlegenheit zu schaffen;
- *Einfachheit*: klare und übersichtliche Pläne mit möglichst wenig Abhängigkeiten, um das gemeinsame Verständnis sicherzustellen;
- *Sicherheit*: durch Schutz vor Einflussnahme und Umwelteinflüssen verhindern, dass mein Handeln gestört wird;
- *Ökonomie der Kräfte*: keine Ressourcen unnötig binden;
- *Einheitlichkeit des Handelns*: die Erfüllung eines Auftrags durch klare Abgrenzung der Verantwortungsbereiche sicherstellen;
- *Flexibilität*: Ressourcen beweglich halten, um rasch auf Veränderungen zu reagieren;
- *Freiheit des Handelns*: durch offensives Vorgehen die Initiative auf seiner Seite wissen, um handlungsfähig zu bleiben;
- *Überraschung*: durch rasches oder unkonventionelles Vorgehen so handeln, dass Konkurrenz, Gegner oder andere Störungen unvorbereitet sind.

Bezeichnend ist, dass diese Grundsätze nicht gleichzeitig erfüllt werden können; sie sind viel mehr situativ und selektiv zu beachten. Welche Grundsätze in einer bestimmten Situation heranzuziehen sind, ist dabei auch ein Führungsentscheid.

Für das strukturiert-heuristische Verfahren werden neben diesen Grundsätzen auch die in früheren Schritten erkannten Erfolgskriterien (E) verwendet, etwa «Kundentransparenz» und «Iterationsfähigkeit» aus Tabelle 5. Darüber hinaus sind auch Gemeinsamkeiten aller Varianten hervorzuheben. Zudem hat es sich bewährt, Varianten nebeneinander zu präsentieren, da die relevanten Unterschiede dabei besser erkannt werden (bei nur zwei Varianten sind die Vorteile der einen auch die Nachteile der anderen). Zusammengefasst heisst das im Beispiel von *Eonify*, dass die Varianten wie in Tabelle 8 beurteilt werden können.

Gemeinsamkeiten der Varianten • Skalierung durch externe Partner, Kooperation als Hebel • Notwendigkeit einer stabilen, dokumentierten API-Struktur			
Variante «EXKLUSIV» • Skalierung durch Erschliessen Fokusmarkt • Risiko durch Abhängigkeit • Strategische Tiefe		**Variante** «OFFEN» • Skalierung durch offene Anschlussfähigkeit • Risiko durch Marktstreuung • Strategische Breite	
Vorteile • Ausrichten auf das Ziel • Einfachheit	**Nachteile** • Freiheit des Handelns • Iterations-fähigkeit • Kunden-transparenz	**Vorteile** • Freiheit des Handelns • Iterations-fähigkeit • Kunden-transparenz	**Nachteile** • Ausrichten auf das Ziel • Einfachheit

Tabelle 8: Die beiden Varianten im strukturiert-heuristischen Vergleich.

2.6 Entscheidungsfreude herrscht! – *A6 Entscheidungsfindung*

Mit dem Schritt *A6 Entscheidungsfindung* endet die Decision-Phase des OODA-Loops (siehe Kapitel 1.6.3). Die vorangehenden Schritte *A4 Lagebeurteilung* und *A5 Variantenentwicklung* gehören zur Decision-Phase; mit der Variantenbeurteilung A5.3 wird die Entscheidung im Grunde vorweggenommen. Benötigen wir dann noch eine explizite *A6 Entscheidungsfindung*?

Nicht zwingend – aber oft ergibt sie Sinn. Letztlich geht es wie im *A3 Orientierungsmeeting* darum, die relevanten Player abzuholen. Möglicherweise war bisher nicht das ganze Team integriert. Vielleicht gibt es ausführende Stellen, die jetzt erst eingebunden werden müssen. Oder die Organisation verlangt nach verbindlichen Entscheiden eines bestimmten Gremiums, etwa des Vorstands, der Geschäftsleitung oder der Mitgliederversammlung.

Egal, ob die jeweilige Organisation Einzelentscheide, beschränkte Partizipation oder Kollektiventscheide vorsieht: Es sorgt für Klarheit, wenn Entscheide explizit, zu einem bestimmten Zeitpunkt, getroffen werden. Damit ziehen wir eine klare Grenze zwischen der *Exploration* und der *Exploitation* (Kapitel 1.5): Organisationen profitieren davon, Phasen des Denkens (*Exploration*) von Phasen des Handelns (*Exploitation*) zu unterscheiden.

Die *A6 Entscheidungsfindung* schliesst die *Exploration* ab: Bis zu diesem Zeitpunkt stehen Hinterfragen, Variantendenken, Kritisieren im Vordergrund – ab diesem Zeitpunkt rückt das Handeln nach vorne. Es geht nicht darum, kritisches und agiles Denken zu unterdrücken – sondern darum, es zur rechten Zeit in entschlossenes Handeln zu überführen.

Um das gemeinsame Handeln auf ein gemeinsames Ziel auszurichten, nutzen wir zwei unterschiedliche, aber sich ergänzende Gefässe: *Absicht* und *Aufträge.*

- *Absicht:* das gemeinsame Verständnis über das gemeinsame Handeln;
- *Aufträge:* die Aufgaben des Einzelnen im Rahmen der Absicht.

Wer über Absicht und Aufträge entscheidet, hängt von Führungsstruktur (Kapitel 3) und Führungskultur (Kapitel 4) ab: In eigentümergeführten Firmen kann das der Chef sein, im Militär der Kommandant. In KMU entscheidet oft die Geschäftsleitung, in einem Verein der Vorstand oder die Generalversammlung. In Start-ups oder kleinen Teams kann es auch ein gemeinsamer Entscheid sein. Immer gilt: Die Absicht richtet sich an alle, die Aufträge richten sich an Einzelne.

Aufträge sind dabei auch Verhandlungssache. Das ist in partizipativen Strukturen selbstverständlich. In hierarchischen Systemen braucht es dafür bewussten Dialog. Was für die Führungskraft gilt, gilt auch für die Unterstellten: Sie identifizieren sich stärker mit einem ausgehandelten Auftrag – und bringen Fähigkeiten und Wissen gezielter ein.

Die Verhandlung sollte idealerweise vor der *A6 Entscheidungsfindung* stattfinden. Wer am Ende des Entscheidungsprozesses noch fragt, ob alle einverstanden sind, handelt weder wertschätzend noch wirksam.[38] Die Verhandlung soll ein fortlaufendes Einbinden sein, das spätestens im *A3 Orientierungsmeeting* beginnt, mit der *A4 Lagebeurteilung* das interne Umfeld einschliesst und mit der *A5 Variantenentwicklung* nicht nur die Vielfalt erhöht, sondern auch Prüfung und Bewertung beeinflusst. Die *A6 Entscheidungsfindung* ist lediglich der Abschluss der Phase, die den Übergang zum Handeln markiert.

Tabelle 9 zeigt exemplarisch, wie eine *A6 Entscheidungsfindung* aufgebaut sein kann: Dort werden Absicht und Aufträge verbindlich festgelegt. Die Absicht ist langfristig und inhaltlich umfassend. Aufträge sind kurz- bis mittelfristig, da sich komplexe Situationen fortlaufend ändern. Gemeinsam bilden sie eine Einheit.

Komplexe Probleme erfordern ein gewisses Mass an Planung; dem nehmen wir uns in der *A7 Konzeptentwicklung* an. Die in der *A6 Entscheidungsfindung* präsentierten Aufträge sind deshalb provisorisch und betreffen bei grösseren Teams vorerst nur die wichtigsten Akteure. Im Rahmen der Planung kann es sein, dass diese Aufträge noch angepasst werden. Aufträge, die unterstützenden und nicht entscheidenden Charakter haben, werden erst im Rahmen der Konzeptentwicklung formuliert. Typischerweise handelt es sich dabei um Querschnittsbereiche.

Nr	Traktandum	Bemerkungen	Zeit	Lead
1	Ziele des Meetings	«Entscheid in Sachen xy»	2’	Chefin
2	Informationen	Reminder, Update	10’	Chefin
3	Variantenprüfung	Variantenvergleich Entscheidungskriterien Variantenbewertung	25’	CTO
4	Entscheid	Absicht (definitiv) Aufträge (provisorisch)	20’	Chefin
5	Aktualisierte Liste der Sofortmassnahmen und Pendenzen	Werden laufend aufgenommen	5’	Assist
6	Aktualisierte Zeitplanung	extern = für das Projekt intern = für das Team	10’	Assist
7	Aktualisierte Liste der Schlussfolgerungen	Handlungsrichtlinien für Weiterarbeit	5’	Assist
8	Umfrage		5’	Alle
9	Nächstes Meeting	Auftragsvergabe	3’	Assist

Tabelle 9: Exemplarische Traktandenliste für eine Entscheidungsfindung.

3 Management: die Organisation

Es ist spät an einem Abend im Mai, die Weinflasche ist leer. Lukas und Sofia sitzen auf der Couch – gereizt diskutieren sie ihre Baustellen. Lukas ist genervt: Bereits im Büro gab es Spannungen über die Prioritäten bei *Eonify*. Ganz zu schweigen von Pesche und seiner «wichtigen Ausstellung», so kurz vor dem Konzert. Auf eine Diskussion über private Termine hat er nun gar keine Lust.

Sofia geht kurz auf den Balkon, atmet tief durch und kommt ins Wohnzimmer zurück. «Luki, komm, wir machen das so: Bis Ende Woche konzentrieren wir uns beide auf die Herausforderungen bei unserer Arbeit. Am Samstag gehen wir wandern am Oberalppass. Ich habe in Sedrun eine Wohnung reserviert. Wir nehmen uns einfach kurz raus. Pesche wird sich schon beruhigen und *Eonify* hängt nicht an dir alleine. Etwas Alpenluft ist genau das, was uns beiden guttut – Sauerstoff für unsere Synapsen.»

Einmal mehr hat sie es geschafft, ihn aus einer Blockade zu holen – Lukas umarmt Sofia und gibt ihr einen Kuss. Sofia ist eine echte Ressource in seinem Leben. Vielleicht sollten sie nicht nur die nächsten Monate, sondern die nächsten Jahre miteinander planen. Und sich dabei abgewöhnen, nur in Ressourcen zu denken.

Die Herausforderung, mit der Lukas konfrontiert ist, ist keineswegs ungewöhnlich. Willkommen im Alltag eines Menschen, der sich in mehreren Organisationen engagiert: Ob Start-up, Armee, Band oder Partnerschaft: Jede Organisation bringt ihre eigene Perspektive auf Probleme, Prioritäten und Lösungsansätze mit. Nicht überall existieren strukturierte Lösungsprozesse: Egal, ob in Vereinen oder Verwaltungen, oft wird «aus dem Bauch heraus» entschieden und gemäss Vorlieben der treibenden Personen geführt.

Wir kommen also nicht darum herum, Führung im Kontext der jeweiligen Organisation zu verstehen. Jede Organisation hat einen Auftrag – oder sollte einen haben. Und sie besteht aus mindestens zwei Menschen, die sich mehr oder weniger ähnlich sein können.

Was also können wir tun, um das Alltagsgeschäft, das gelegentliche Chaos und die strategischen Fragen einer Organisation systematisch zu strukturieren und zu führen? Und wie soll das funktionieren, wenn jede Organisation anders ist?

3.1 Vom Entscheid zum Auftrag – *A7 Konzeptentwicklung*

Der Entscheid, *wie* ein Problem zu lösen ist, bleibt zunächst abstrakt. Es ist nur ein Teil der Führungsarbeit, Entscheide herbeizuführen. Es ist mindestens so wichtig, diese Entscheide danach auch in die Praxis *umzusetzen*.

Entscheiden heisst beauftragen

Entscheiden heisst nicht nur, sich für eine Variante (und damit gegen die anderen Varianten) zu entscheiden, sondern es heisst auch *Aufträge erteilen*: Mit Ausnahme von echten Einzelkämpfern – Preppers, Solopreneurs und andere Überlebenskünstler – lösen Organisationen ihre Probleme gemeinsam. Dafür müssen Aufträge an die verschiedenen Team-Mitglieder erteilt werden.

Zuweilen hört man, der Auftrag sei nicht verhandelbar. Wir vertreten eine gegenteilige Auffassung: in einer komplexen Welt sind Aufträge in der Regel zu verhandeln: Weder der Chef noch seine Unterstellten kennen alle Unwägbarkeiten und technischen Details. So tragen die Unterstellten mit ihren Fähigkeiten dazu bei, dass ihre Aufträge nicht nur in die Absicht passen, sondern auch tatsächlich *umsetzbar* sind.

Das heisst nicht, dass wir bei jeder Auftragserteilung mit harten Verhandlungen rechnen sollen: Die meisten Menschen sind froh zu wissen, was von ihnen erwartet wird (siehe Kapitel 2.2): Wenn sie dann ihren Auftrag noch mit ihrem Fachwissen feinschleifen können, ist die Grundlage für eine erfolgreiche Zusammenarbeit gelegt. Dann macht gemeinsames Problemlösen sogar Spass.

Der Teufel steckt im Detail: von der Absicht zu den Aufträgen

Der Fall ist klar: die Absicht ist wichtiger als die einzelnen Aufträge. Sie vermittelt dem Team, Partnern, Zulieferern und Kunden den Sinn unseres Vorgehens. Doch mit der Absicht allein ist es meist nicht getan. Es ist gut, einen Plan zu haben – aber als Führungskräfte haben wir auch die Verantwortung, dass jede Person weiss, was und wie sie zu diesem Plan beizutragen hat.

Genau genommen teilen wir diese Verantwortung mit dem Team – denn wir wollen, dass unsere Mitarbeiter aktiv und im Sinn des Ganzen mitwirken. Es gibt jedoch zwei Situationen, in denen wir als Führungskräfte besonders gefordert sind: Erstens, wenn es um die Koordination oder Abgrenzung geht. Die unschöne Praxis, solche Aufgaben mit einem «schaut untereinander» dem Team zu überlassen, hat einen passenden Namen:

«Den Fisch weitergeben». Zweitens gibt es Mitarbeiter, die auf klare Aufträge angewiesen sind – sei es aufgrund mangelnder Erfahrung, persönlicher Präferenz, Unsicherheit oder, wie bei Lukas in Kapitel 2.2, schlichter Überforderung.

Der Schritt von der Absicht zu den Aufträgen mag weniger ruhmreich sein als der Entscheid an sich – Führungskräfte sind für ihre Entscheidungs- und Orientierungsfreude bekannt, kaum aber für Planungsfreude. Und dass sich eine Planung von selber fügt, kommt nur in einer idealen Welt vor – die es bekanntlich nicht gibt.

Unter *Absicht* verstehen wir das gemeinsame Verständnis des gemeinsamen Handelns. Die Absicht ist das wesentliche Produkt der *A6 Entscheidungsfindung*.

Sobald die Absicht klar ist, müssen *Aufträge* an die Einzelnen verteilt werden, die dann im Rahmen der Absicht zu erfüllen sind. Das tönt einfach, so nach dem Motto «machmer, tuemer, hebmer». In Wirklichkeit ist es schwierig, gute Aufträge zu formulieren. Sie sollten den Handlungsspielraum nicht unnötig einschränken, unmissverständlich formuliert sein und dennoch Überlappungen vermeiden, damit nach der Auftragserteilung parallel gearbeitet werden kann. Die Finalisierung der Aufträge erfolgt nach der Entscheidungsfindung im Rahmen eines sogenannten *Kernkonzepts*. Die wichtigsten Aufträge sollten wir bereits mit der Absicht präsentieren; erteilt werden diese Aufträge spätestens mit der *A9 Auftragsvergabe*.

Bei der Konzeptentwicklung geht es nicht nur um das Kernkonzept und die damit verbundenen Aufträge an einzelne Personen, sondern auch um *Unterstützungskonzepte*, die zur Auftragserfüllung beitragen – etwa in den Bereichen Personal, Recht, Kommunikation, Logistik, IT, Security oder Finanzen. Für deren Ausarbeitung sind die jeweiligen Fachpersonen verantwortlich. Auch hier ist Variantendenken gefragt – ein Anspruch, den wir als Führungskräfte aktiv einfordern sollten, um den Expertenhorizont zu erweitern und das Denken im Gesamtrahmen zu fördern.

Nicht selten ergeben sich aus den Unterstützungskonzepten weitere Aufträge an weitere Beteiligte – spätestens hier zeigt sich, weshalb die Auftragserteilung im Rahmen der Entscheidungsfindung bestenfalls provisorisch sein kann.

Schliesslich braucht es noch ein *Controlling-Konzept*, um die Umsetzung der Aufträge nach der Auftragsvergabe zu überwachen. Wir erinnern uns: Kein Plan überlebt die Realität – ausser man heisst Chuck Norris. Das Controlling-Konzept legt fest, wie die *A10 Lageverfolgung* erfolgt (mehr dazu im Kapitel 3.2.5).

Nun liegen also mehrere Konzepte in unterschiedlicher Detailtiefe vor – ausgearbeitet von unterschiedlichen Spezialisten. Weil kein Plan die Realität überlebt und weil Konzepte oft komplex sind, empfiehlt es sich, die Gesamtheit aller Konzepte gemeinsam durchzugehen. Was tut der Kunde, was tun wir, wie reagiert der Kunde auf unsere Aktion? Was tut die Konkurrenz, der potenzielle Investor, die Schlüsselmitarbeiterin? Was wie ein Strategiespiel tönt, nennt sich *RoC Drill – Rehearsal of Concepts Drill*. Dabei spielen die wichtigsten Beteiligten gemeinsam die Konzepte durch. Der *RoC Drill* ist ein zentraler Bestandteil der Konzeptentwicklung: Er hilft, Friktionen zwischen den Konzepten frühzeitig zu erkennen – und die Aufträge entsprechend anzupassen.

3.2 Was wäre, wenn? – *A8 Eventualplanung*

Die Diskussionen mit dem VC sind vielversprechend. Auch die Arbeiten an Architektur und API-Dokumentation kommen gut voran. Und Fred hat nicht nur eingesehen, dass es ein Fehler war, sensible Kundendaten auf einem externen Cloud-Speicher abzulegen – er hat inzwischen einen Prozess aufgesetzt, der solche Pannen künftig verhindert.

Lukas denkt zurück an die Nacht im März, als all diese Probleme gleichzeitig auftauchten und er nicht einmal wusste, was eigentlich sein Auftrag war. «Ich liebe es, wenn ein Plan funktioniert», denkt er – und klopft sich im Geist auf die eigene Schulter. Man muss die Probleme nur sauber strukturieren, dann kommt alles gut.

Und trotzdem beschleicht Lukas ein ungutes Gefühl. Was, wenn der VC in letzter Sekunde abspringt? Was, wenn beim entscheidenden Tech-Pitch plötzlich ein gravierender Bug auftaucht? Was, wenn trotz bombensicherer Prozesse sensible Kundendaten im Darknet auftauchen?

Andererseits gibt es Anzeichen, dass es bei CyberCloud – einem etablierten Konkurrenten – nicht rund läuft. Wie könnte *Eonify* ein rasches Kundenwachstum bewältigen, falls CyberCloud plötzlich vom Markt verschwände? Und was würde es dafür brauchen?

Das Schwanken zwischen Niedergeschlagenheit und Euphorie gehört zum Führungsalltag. Das Leben ist eine Achterbahn – daran muss man sich mental gewöhnen. Organisatorisch heisst das: Wir müssen uns vorbereiten. Darauf, dass Dinge aus dem Ruder laufen. Aber auch darauf, dass etwas unerwarteterweise viel besser läuft als geplant, Für beides können wir Antworten bereithalten – sogenannte *A8 Eventualplanungen.*

Dabei denken wir systematisch voraus: Welche Szenarien könnten unsere Absicht gefährden? Welche Anzeichen erkennen wir, aus denen sich Chancen entwickeln? Wir beschränken uns nicht auf das Naheliegende. Gute Eventualplanung denkt durchaus «dreckig» – provokativ, aber realistisch: Was, wenn uns ein Konkurrent ausspioniert und öffentlich diffamiert? Was, wenn eine Schlüsselperson mit massiv besseren Konditionen abgeworben wird? Was, wenn eine Gründerin unerwartet abspringt?

Eventualplanungen beziehen sich nicht nur auf negative Entwicklungen. Genauso relevant ist der umgekehrte Fall – wenn sich Chancen eröffnen oder Dinge besser laufen als erwartet. Denken wir an folgende Beispiele: Der wichtigste Konkurrent von *Eonify* geht Konkurs – plötzlich kann das Team seine Kundenbasis verdoppeln, vielleicht sogar verdreifachen. Oder der VC investiert nicht nur, sondern schlägt vor, das *Eonify*-Produkt mit der Dienstleistung eines anderen seiner Start-ups zu integrieren. Oder es gelingt ein technologischer Durchbruch, der die Arbeit von *Eonify* um Grössenordnungen effizienter macht. In solchen Fällen profitieren wir offensichtlich davon, vorbereitet zu sein.

Egal, ob sich Eventualplanungen auf positive oder negative Entwicklungen beziehen: Es geht stets um substanzielle Veränderungen. Deshalb dürfen sie nicht bei jeder Kleinigkeit ausgelöst werden – das bringt Unruhe ins System und entmündigt die Unterstellten. Zu jeder Eventualplanung gehört deshalb ein klares Auslösekriterium – eine Bedingung, die eindeutig erfüllt sein muss, bevor gehandelt wird.

Kommen wir zur Veranschaulichung auf die Eventualplanung «eine Gründerin springt ab» zurück. Auslösekriterium für diese Eventualplanung ist die bestätigte Nachricht ihres Weggangs; ein Gerücht, ein Gefühl oder eine Vermutung reichen keinesfalls aus – überstürztes Handeln wäre in solchen Situationen fatal.

Richtig eingesetzt sind Eventualplanungen ein starkes Führungsinstrument. Ihre Erarbeitung mag Zeit und geistige Kapazität kosten, doch sie helfen, das grosse Chaos zu vermeiden – oder im Chaos die grosse Chance zu nutzen.

3.3 Es gibt nichts Gutes, ausser man tut es – *A9 Auftragsvergabe*

An der *A9 Auftragsvergabe* führen wir alle Fäden zusammen. Idealerweise nehmen sämtliche an der Umsetzung beteiligten Personen daran teil – ob physisch oder virtuell. Die wiederholte Kommunikation von Problemerfassung, Entscheidung und Absicht dient einmal mehr der Orientierung und Sinnvermittlung: Alle müssen verstehen, weshalb wir hier sind, und welche Rolle sie bei der Umsetzung einnehmen.

Das gemeinsame Zusammenkommen hat zudem einen entscheidenden Vorteil gegenüber dem beliebten bilateralen Beauftragen: Wenn alle wissen, wer was tut, fügen sich die einzelnen Aufträge zu einem Ganzen. Tabelle 10 zeigt eine exemplarische Traktandenliste.

Nr	Traktandum	Bemerkungen	Zeit	Lead
1	Ziele des Meetings	«Auftragserteilung in Sachen xy»	2’	Chefin
2	Problemerfassung	Reminder, Update	10’	Chefin
3	Entscheidung, Absicht	Reminder, Update	10’	Chefin
4	Aufträge	Absicht (was) Aufträge (wer, wie)	30’	Chefin
5	Konzepte		20’	Fachvertreter
6	Zeitplanung	extern = für das Projekt intern = für das Team	10’	Assist
7	Ressourcen	Wer macht was Ressourcenkonflikte	5’	Assist
8	Reporting / Controlling	Controlling-Konzept	5’	Assist
9	Pendenzen		5’	Assist
10	Umfrage		5’	Alle
11	Nächstes Meeting	Lagemeeting	3’	Assist

Tabelle 10: Eine mögliche Traktandenliste für eine Auftragsvergabe.

Mittlerweile ist Juni. Die Entscheidung liegt einige Wochen zurück – kein Feuerwerk, aber sie hat gewirkt. Seither hängt die Absicht prominent an der Innenseite der Eingangstür von *Eonify*. Sie fällt ins Auge – jedes Mal beim Verlassen des Büros. Es ist kein Hochglanzposter, sondern das Flipchart aus der Entscheidungsfindung. Schwarzer Marker, rote Korrekturen:

«Es geht darum,

- unsere Sicherheitslösungen auf offene Schnittstellen auszurichten, um mit verschiedenen Partnern und Plattformen zusammenzuarbeiten;
- die Architektur so weiterzuentwickeln, dass sie modular, dokumentiert und integrationsfähig bleibt;
- in der Verhandlung die offene Lösung als Asset zu verteidigen, das die Exklusivität für Partner in ihrem jeweiligen Marktsegment nicht gefährdet.»

Von da weg war es nur ein kurzer Sprung bis zur Auftragsvergabe. Seither hat Lukas sich seinen Auftrag auf einen Slide geschrieben – er nutzt ihn als Desktophintergrund auf seinem Laptop.

«Lukas:

- Stellt bis Ende Woche eine Liste offener Partnerschnittstellen zusammen und priorisiert die ersten drei Integrationsprojekte.
- Überprüft und überarbeitet mit Fred die API-Dokumentation bis spätestens 30. Juni.
- Trifft Architekturentscheidungen für alle offenen Module bis Ende Q3.»

Der erste Punkt ist abgehakt, die beiden andern stehen noch an. Nun hat er seinen klaren Auftrag. Zu guten Teilen selbst formuliert, aber mit dem Team abgestimmt. Alles eine Frage der Führung.

3.4 Was geht? – *A10 Lageverfolgung*

Am Donnerstagnachmittag, noch im strahlenden Sonnenschein über dem Greenfield Open-Air, betrat *Zurich Voltage* die Nebenbühne – ein Moment, auf den sie lange hingearbeitet hatten. Lukas trug die Anspannung offen im Gesicht. Er wusste: Firewall of Noise musste gleich zu Beginn zünden. Doch als es darauf ankam, liess ihn die Nervosität nicht los: Das Einstiegsriff, das sonst so sicher aus seinen Fingern floss, kam mit einem knalligen Fehler und verwurstelten Tönen auf der E-Saite über die Boxen. Für einen kurzen Moment hielt er den Atem an, glaubte die Blicke seiner Bandkollegen und des Publikums zu spüren, fing sich aber und spielte entschlossen weiter.

Im Hintergrund sass Pesche am Schlagzeug, scheinbar unbeeindruckt von der Aufregung um ihn herum. Ironischerweise war er von allen am wenigsten vorbereitet – die letzten Proben hatte er eher halbherzig absolviert. Gerade erst ist er von seiner Galerie eingeflogen, sein Notizbuch voller unvollendeter Skizzen und spontaner Ideen. Doch kaum legte er los, verwandelte sich alles: Mit einer Mischung aus Leidenschaft und technischer Finesse trieb er die Songs voran, als hätte er nie etwas anderes gemacht. Jeder Schlag sass, jeder Break war punk(t)genau. Seine Energie wurde zum Anker, an dem sich die Band festhalten konnte.

So wurde der Auftritt von *Zurich Voltage* zu einer kleinen Lektion in Improvisation und Zusammenhalt. Lukas kämpfte sich durch den Patzer, Pesche wuchs über sich hinaus – und zwischen Unsicherheit und Leidenschaft blitzte das Potenzial auf, das in dieser Band steckt. *Zurich Voltage* war noch lange nicht am Ende.

Die Realität hält sich – leider – nicht an unsere Pläne. Sie verändert sich laufend, wie ein Chamäleon. Deshalb kann der Schritt

Action im OODA-Loop (Kapitel 1.6.3) nur erfolgreich sein, wenn er in enger Rückkoppelung mit dem Schritt *Observation* erfolgt.

Die Kunst der Lageverfolgung besteht darin, einerseits am Entscheid festzuhalten, solange dies sinnvoll ist – und gleichzeitig den Mut aufzubringen, kleinere oder grössere Anpassungen vorzunehmen, wenn sich die Lage so verändert hat, dass sich das Ziel mit dem ursprünglichen Entscheid nicht mehr – oder auf andere Art und Weise besser – erreichen lässt.

Dreh- und Angelpunkt der Lageverfolgung sind regelmässige Lagemeetings, an denen die erfasste Lage mit der angenommenen Lage verglichen wird: Nur wenn wir das Delta zwischen IST und SOLL erkennen, können wir feststellen, ob überhaupt Handlungsbedarf besteht.

Dieser IST-SOLL-Vergleich ist der Kern der Lageverfolgung – und wird leider oft verkürzt verstanden. Allzu häufig reduziert sich der Abgleich auf zeitliche Aspekte: «Sind wir *on track*?» ist dann gleichbedeutet mit «Sind alle Meilensteine gemäss Zeitplan erreicht?» Das ist zu kurz gedacht. Natürlich ist der Zeitfaktor wichtig, doch gute Lageverfolgung geht weit darüber hinaus: Sie umfasst inhaltliche, qualitative und strukturelle Aspekte genauso wie den Fortschritt im engeren Sinn.

Die Lage ändert sich konstant

Während der Umsetzung muss die Lage laufend erfasst werden – das ist *Observation* im eigentlichen Sinn des OODA-Loops: Nur wer sein Umfeld konstant beobachtet, kann erkennen, was um ihn herum geschieht. Glücklicherweise stehen heute viele technische Hilfsmittel zur Verfügung, um die Lageerfassung und -darstellung zu vereinfachen und zu beschleunigen. Doch trotz Dashboards, Logs und KPIs bleibt eines unverzichtbar: menschliches Urteilsvermögen.

Lukas' Telefon läutet. Toni ist ganz aus dem Häuschen. Der Bug in der Mandantenlogik sei gefixt, respektive es sei gar kein Bug gewesen, sondern die ganze Hektik sei nur eine Fehlinterpretation des Kunden gewesen. Alarm Ende, wir können uns auf die anderen Probleme konzentrieren.

Lukas hängt auf – und atmet kurz durch. Doch nur für eine Sekunde. Etwas lässt ihn zweifeln. Kann es wirklich sein, dass der vermeintliche Bug nur eine Fehlinterpretation eines Kunden war? Er setzt sich hin und versucht, den Bug auf fünf verschiedene Arten zu reproduzieren. Dann überprüft er ebenso systematisch, ob tatsächlich eine Fehlinterpretation vorliegt. Dazu holt er Sofia dazu – als Aussenstehende entspricht sie am ehesten dem Profil eines typischen Kunden.

Nach einer knappen Stunde ist es Lukas mit Sofias Unterstützung gelungen, den Bug auf drei verschiedene Arten zu reproduzieren. Er nimmt das Telefon zur Hand und ruft Toni zurück. Dessen Lage und auch seine Stimmung sollten sich nun schlagartig ändern.

Lukas bleibt ruhig. «Stell dir vor, ich hätte durch meine Analysen einen weiteren gravierenden Bug entdeckt. Dann müssten wir tatsächlich zurück auf Feld eins – respektive eine neue Problemerfassung starten und ein weiteres Orientierungsmeeting einberufen. Das hier fangen wir auch so auf.»

Der Zeitplan und andere hilfreiche Lügen

Ist die aktuelle Lage erst einmal erfasst, können wir sie mit der angenommenen Lage vergleichen, denn jedem Entscheid liegt eine Annahme zugrunde – über die Lage selbst und ihre Entwicklungsmöglichkeiten.

Die häufigsten, wenn auch nicht immer wichtigsten Abweichungen betreffen den Zeitplan: Meist planen wir zu ambitioniert: Deadlines sind sportlich gesetzt, Friktionen werden nicht bedacht, die Komplexität wird unterschätzt. Ambitionierte Zeitpläne können motivieren und inspirieren, doch sie müssen realistisch bleiben. Die Faustregel ist trivial: Es dauert immer länger und kostet immer mehr, als man denkt.

Hier kommen Reserven ins Spiel. Die Kunst besteht darin, das richtige Mass zu finden: Wer zu grosszügig plant, verliert an Tempo. Wer zu knapp plant, riskiert die Kontrolle zu verlieren.

Lukas schaut auf die Uhr. Schon wieder 22:49, und immer noch stehen drei Tasks auf seiner To-do-Liste offen. «Feierabend seit 109 Minuten» blinkt ihn sein Kalender an. Lukas stöhnt: «Sehr witzig. Kaum plane ich mal meine Reserven ein, kommen garantiert alle anderen mit ihren Problemen zu mir.»

Mit zunehmender Führungs- und Lebenserfahrung wird Lukas lernen: Es genügt nicht, nur für die eigenen Aufgaben Reserven einzuplanen – auch das *Unvorhergesehene* braucht Raum. Überraschungen gehören zur Realität. Wer sie ausblendet, verliert den Kontakt zur Wirklichkeit.

Im Lageabgleich müssen wir zudem regelmässig prüfen, ob alle vorliegenden Informationen noch relevant sind. Oft werden Informationen über die Zeit nutzlos – weil sich herausstellt, dass eine bestimmte Lösung doch nicht machbar ist, oder weil Informationen überholt oder obsolet werden. Führungskräfte tragen hier eine besondere Verantwortung: Sie müssen helfen zu erkennen, wann Vorstellungen und Daten überholt sind. Es ist menschlich, an Bekanntem festzuhalten – doch manchmal braucht es den Mut, loszulassen und sich auf Neues einzulassen.

3.5 Weiter im Text oder zurück auf Feld eins? – *A11 Lagebewertung*

Während der *A10 Lageverfolgung* bewerten wir regelmässig, ob Massnahmen erforderlich sind – und falls ja, welche. Bei der *A11 Lagebewertung* lassen sich typischerweise vier Resultate unterscheiden:

- Alles verläuft nach Plan – keine Massnahmen erforderlich;
- geringe bis moderate Abweichungen – Steuerungsmassnahmen reichen aus, um unsere bisherige Entscheidung weiterhin umzusetzen;
- grössere, vermutete Abweichungen – Eventualplanungen können mit oder ohne Anpassung ausgelöst werden;
- grössere, überraschende Abweichungen – ein neuer Entscheid wird erforderlich: Wir springen im OODA-Loop zurück zum Schritt *Orientation* (Kapitel 1.6.2).

Welche Personen über solche Massnahmen entscheiden dürfen, hängt stark von der Organisationskultur ab. Eine klare Kompetenzregelung hilft, zwei Extreme zu vermeiden: dass zu lange an ursprünglichen Entscheidungen festgehalten wird – oder dass sie vorschnell über den Haufen geworfen werden.

3.6 Die Ruhe im Sturm – *A12 Lagemeeting*

A10 Lageverfolgung und *A11 Lagebewertung* sind fortlaufende Prozesse, die durch wiederkehrende *A12 Lagemeetings* getaktet werden. Der Führungsrhythmus definiert, wie oft Lagemeetings durchgeführt werden – je nach Problem, Team und Dynamik der Lage kann dies alle zwei Stunden, täglich, oder auch quartalsweise sein. Der Führungsrhythmus kann auch variieren: In einer «heissen» Phase sind kürzere Abstände sinnvoll. Ist die

Lage wieder unter Kontrolle, lockern wir den Rhythmus. So haben alle Beteiligten mehr Zeit, an der Lösung der Probleme zu arbeiten.

Jedes *A12 Lagemeeting* liefert eine Momentaufnahme der *A10 Lageerfassung* und entsprechender *A11 Lagebewertung.* Auf Basis kompakter Präsentationen können wir über das Vorgehen entscheiden. Tabelle 11 zeigt eine mögliche Traktandenliste.

Nr	Traktandum	Bemerkungen	Zeit	Lead
1	Ziele des Meetings	«Gleiches Verständnis über die aktuelle Situation»	2'	Chefin
2	Lage IST	Lageerfassung	10'	Fach-vertreter
3	Lage SOLL	Lageabgleich	5'	Fach-vertreter
4	Handlungsbedarf ja/nein	Lagebewertung	5'	Fach-vertreter
5	Entscheide	a) Keine Massnahmen b) Steuerungsmassnahmen c) Eventualplanung d) Neue *A1 Problemerfassung*	5'	Chefin
6	Zeitplanung	extern = für das Projekt intern = für das Team	5'	Assist
7	Ressourcen	Wer macht was Ressourcenkonflikte	5'	Assist
9	Pendenzen		5'	Assist
10	Umfrage		5'	Alle
11	Nächstes Meeting	a) – c) Nächstes Lagemeeting d) Orientierungsmeeting	3'	Assist

Tabelle 11: Exemplarische Traktandenliste für ein Lagemeeting.

3.7 Der OODA-Loop in der Organisation

Abstrakte Darstellungen wie der OODA-Loop in Abbildung 3 sind im Führungsalltag nur begrenzt hilfreich – sie werden unterschiedlich interpretiert und führen dadurch eher zur Verwirrung als zu Klarheit (Kapitel 2.3).

Deshalb ist es entscheidend, den OODA-Loop für die eigene Organisation zu konkretisieren – so, dass er im Führungsalltag auch Orientierung bietet. Abbildung 9 zeigt eine vereinfachte Darstellung des OODA-Loops. Er umfasst die zwölf konkreten Schritte, so wie sie in den Kapiteln 2.1 bis 3.6 beschrieben sind.

Wir unterscheiden die folgenden Führungs*tätigkeiten*:

- A1 – Problemerfassung / A2 – Aufgabenanalyse;
- A4 – Lagebeurteilung / A5 – Variantenentwicklung;
- A7 – Konzeptentwicklung / A8 – Eventualplanung;
- A10 – Lageerfassung / A11 – Lagebewertung.

Diese werden getaktet von den folgenden Führungs*meetings*:

- A3 – Orientierungsmeeting;
- A6 – Entscheidungsfindung;
- A9 – Auftragsvergabe;
- A12 – Lagemeeting.

Abbildung 9 zeigt auch, wie der OODA-Loop mit dem Wechsel zwischen *Exploration* und *Exploitation* zusammenhängt (Kapitel 1.5): Die Schritte A1 bis A6 sind primär explorativ ausgerichtet – sie dienen dem Verstehen und der Entwicklung nach Alternativen. A7 bis A12 hingegen sind stärker exploitativ geprägt – sie zielen auf Umsetzung und Steuerung. Diese Unterscheidung ist nicht absolut: Auch in der *A5 Variantenentwicklung* nutzen wir Bekanntes, und in der *A8 Eventualplanung*

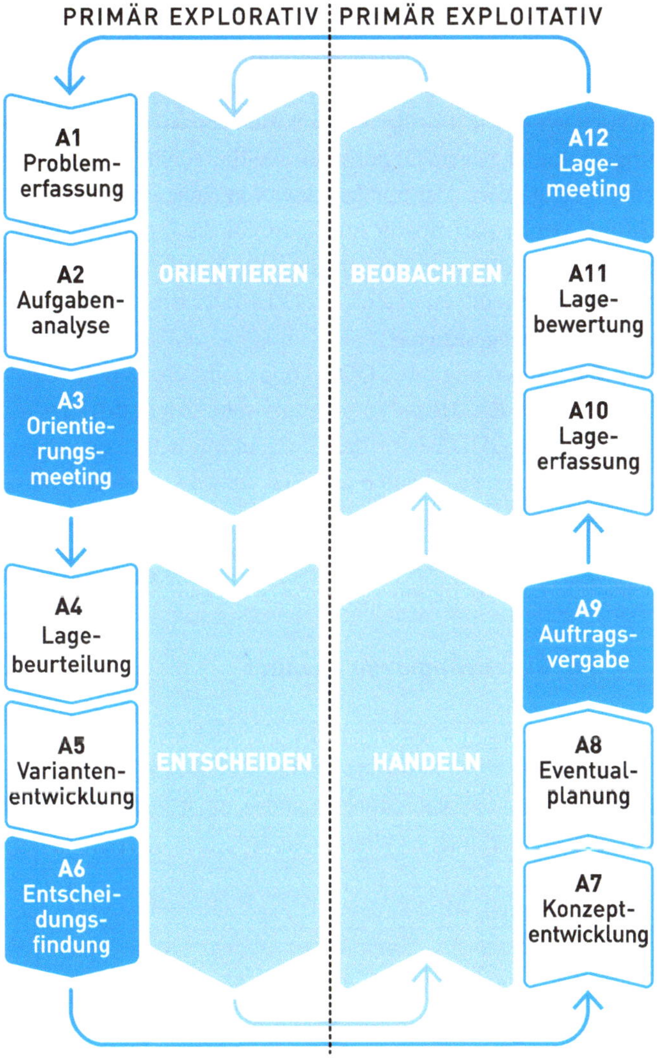

Abbildung 9: Der OODA-Loop auf unsere 12 Schritte gemünzt.

denken wir Neues. Als Faustregel gilt jedoch: In A1–A6 dominiert das Denken, in A7–A12 das Handeln.

Vor allem die Meetings und ihre Standard-Traktanden müssen wir an die jeweilige Organisation anpassen – denn Meeting-Kultur ist gelebte Organisationskultur (Kapitel 4.2.1): Wird ein Meeting «kurz, klar und knackig» von einer einzigen Person geführt – oder partizipativ, mit Raum für die Inputs von allen? Ist es auf die Minute genau getaktet, oder besteht genügend Zeit für Diskussionen? Hat es ein klares Ziel, oder wird einfach «einmal zusammengesessen»?

Die Umsetzung des OODA-Loops sollte also auf die *Organisation* und den *Menschen* gemünzt sein. Zugleich raten wir davon ab, den OODA-Loop bei jedem *Auftrag* neu zu definieren. Wenn Probleme sich häufen und Zeit zur knappsten Ressource wird, zeigt sich der Wert von eingeführten und eingeübten Standards. Sie bringen Klarheit, Struktur – und effiziente Meetings.

3.8 Geschwindigkeit gewinnt

«Was machst du jetzt noch?» Sofia schaut Lukas fragend an. Es ist längst nach Mitternacht, sie steht im Badezimmer. Doch Lukas läuft zielstrebig in die Büroecke zum Laptop. «Ich glaube, es wäre besser, wenn du schlafen kommst.»

Lukas entgegnet, dass Emma und Fred noch online seien, und dass die beiden einen neuen Ansatz gefunden hätten, den kritischen Bug in der Mandantenlogik zu beheben. «Als CTO muss ich halt auch morgens um eins noch ran. Weisst du, Geschwindigkeit gewinnt manchmal, Sofia».

Sofia stellt sich in den Türrahmen: «Lukas, ich bin Medizinerin. Heute hatten wir einen Niereninfarkt – da zählt jede Minute. Aber wenn jeder Hustenpatient nachts um eins die Ambulanz ruft, haben wir bald einen Krankenkasseninfarkt. Und wenn du so weiterfährst, hast du vor dreissig deinen ersten Herzinfarkt.»

Sofia hat recht – wie so oft. Was folgt, ist einer jener magischen Momente: Mit wenigen, gezielten Fragen lotst sie Lukas durch sein Gedankenwirrwarr. Ihre rasche Auffassungsgabe macht fehlende Fachkenntnisse locker wett.

«Tja, wenn die zwei Kunden mit Exit gedroht haben aufgrund dieses Bugs, dann ist es essenziell, den Bug so rasch als möglich zu fixen. Dieser Pitch kann hingegen warten bis Freitag. Wie lange brauchst du für deine Einschätzung, damit Emma und Fred weiterarbeiten können?» Lukas war nicht nur erleichtert, er war geradezu gelöst. «90 Minuten». Eine Stunde später ist Lukas zufrieden, er hat nicht einmal die Reserve gebraucht. Sofias Worte hallen in ihm nach. Er weiss: Er sollte mehr von ihr lernen.

Es ist eine alte Weisheit: Geschwindigkeit gewinnt. Manchmal.

Es beginnt ganz vorne im OODA-Loop – in dem Moment, wenn ein Problem zum ersten Mal auftaucht. Lukas realisierte sofort, dass die Probleme in Start-up, Band und Sofias Klinik einer raschen Lösung bedürfen. Also stürzte er sich in die Problemerfassung – auch wenn es schon 02:14 war.

Keine Frage, wir schlafen alle zu wenig – dazu hätte Sofia auch etwas zu erzählen. Dennoch lässt sich eines festhalten. Wer zuwartet, seine Probleme anzugehen – oder noch schlimmer, die Probleme schönredet – verliert wertvolle Zeit. Egal in welchem Kontext. Meist wird das Problem dadurch nur grösser: Im Start-up verliert Lukas Kunden, in der Band gefährdet er seinen Auftritt am Greenfield Festival. Und wenn er Sofias Probleme ignoriert, riskiert er, irgendwann als Single durchs Leben zu gehen – ganz abgesehen davon, dass es unanständig ist.

Auch in den weiteren Schritten des OODA-Loops zählt Geschwindigkeit. Wer ihn rascher durchläuft als die Konkurrenz – oder schneller reagiert, als das Problem sich entwickelt – ist am Ende erfolgreicher.

Um den OODA-Loop zu beschleunigen, braucht es zwei Dinge: einen *Takt* – und die Bereitschaft, *brauchbare Lösungen zur Zeit* zu entwickeln. Wenn wir nebenbei noch sicherstellen, dass das nicht immer um 02:14 geschehen muss, kommen wir sogar den *perfekten Lösungen näher* (Kapitel 1.2).

3.8.1 Speed of Iteration: der Takt

Ziel ist es, den gesamten OODA-Loop in möglichst kurzer Zeit zu durchlaufen. Das Spannungsfeld zwischen Geschwindigkeit und Genauigkeit ist nicht auflösbar. Gerade in Krisen und anderen zeitkritischen, komplexen Lagen gilt jedoch: «Speed of iteration beats quality of iteration» – die Geschwindigkeit der Iteration ist wichtiger als ihre Qualität.[39] Dieses Prinzip lässt sich auch auf alltägliche Lagen übertragen, wenn wir uns unser Verständnis der Perfektion in Erinnerung rufen (Kapitel 1.2): Perfektion ist erreicht, wenn nichts mehr weggelassen werden kann – und das fördert die Geschwindigkeit zusätzlich.

Je nach Organisation gibt es durchaus mehrere OODA-Loops mit unterschiedlichem Takt: ein kurz getakteter OODA-Loop in Zeiten von Krisen und gravierenden Problemen, wie sie Lukas und seine Weggefährten gerade durchlaufen – und zusätzlich ein etwas langsamer getakteter OODA-Loop, um die Jahresziele zu erarbeiten und zu verfolgen. Unabhängig vom Takt stellt sich die Frage, wie wir den Loop unterstützen.

Gerade bei den Schritten *Observation* und – in begrenztem Mass – auch *Orientation* können wir technische Hilfsmittel nutzen. Heute existieren zahllose Sensoren, die mit zuverlässigen

Daten Beobachtung, Orientierung und Entscheidung unterstützen. In Lukas' Umfeld der Cybersecurity etwa liefern automatisierte Zero-Day Exploit Alerts oder interaktive Dashboards innert Sekunden verwertbare technische Informationen zu sonst unsichtbaren Daten. Solche Systeme automatisieren die Datensammlung und beschleunigen die *Observation* erheblich.

Dies ist mitnichten nur für technikaffine Branchen der Fall. Sofias Klinik profitiert genauso von einem Spitalinformationssystem wie Lukas' Band von einer Analyse des Hörverhaltens. Die Daten sind vielerorts vorhanden – doch ihr Potenzial bleibt oft ungenutzt.

Für die Schritte *Orientation* und *Decision* sind geschulte und erfahrene Führungskräfte nach wie vor unabdingbar. Die sich rasant entwickelnde künstliche Intelligenz (KI) kann dabei jedoch massgeblich unterstützen: So können mit KI aus grossen Mengen an Daten rasch Muster und Anomalien erkannt werden. Ebenso kann KI für Routinearbeiten eingesetzt werden, um Zeit für die eigentlichen – insbesondere die menschenorientierten (siehe Kapitel 1.3) – Führungsaufgaben zu schaffen.

Wir unterscheiden beim Einsatz von KI im OODA-Loop drei Formen der Mensch-Maschine-Kooperation:

- Human-in-the-Loop (HITL): Die Entscheidung liegt beim Menschen; KI kann unterstützend wirken.
- Human-on-the-Loop (HOTL): Die Entscheidung liegt bei der KI; der Mensch kann bei Bedarf eingreifen.
- Human-out-of-the-Loop (HOOTL): Die KI entscheidet autonom; der Mensch ist nicht involviert.

Welche Form wir wählen, ist eine zutiefst ethische Frage.[40] Sie lässt sich nur im konkreten Kontext beantworten – mit Blick auf den jeweiligen Auftrag, die betroffenen Menschen und die Organisation. Massgebend sind dabei der Sinn der Sache, unsere Wertvorstellungen und die verfügbaren Ressourcen.

Für einen Rasenroboter spricht nichts gegen einen HOOTL-Ansatz – niemand möchte seinen Mäher bei der Arbeit überwachen. Entscheidungen über Leben oder Tod an eine KI zu delegieren, ist nach unseren Wertevorstellungen hingegen undenkbar. Dennoch ist KI auch in solchen Bereichen nicht grundsätzlich auszuschliessen: So zeigen etwa KI-gestützte Tools für Krebsfrüherkennung heute schon deutlich höhere Trefferquoten als das geübte menschliche Auge.

Mit dem Fortschritt verschieben sich auch die Grenzen zwischen den Einsatzformen. Was heute als inakzeptabel gilt, kann morgen bereits Standard sein – und umgekehrt. Dass unsere ethischen Kompetenzen dabei Schritt halten mit der technologischen Entwicklung, ist eine Führungsaufgabe von weitreichender Bedeutung – nicht nur für CTOs oder Ethikkommissionen, sondern für alle, die Verantwortung tragen. Dies zu vertiefen, würde allerdings den Rahmen dieses Buchs sprengen.

3.8.2 Quality of Iteration: brauchbare Lösungen zur Zeit

Perfektion nach unserem Verständnis (Kapitel 1.2) ist erstrebenswert – Perfektionismus im herkömmlichen Sinn ist der erbittertste Gegner guter Lösungen. In komplexen Situationen sind perfektionistische Lösungen nicht nur unerreichbar; schon nur das Streben danach hindert uns. Es braucht Wille und Übung, sich mit der brauchbaren Lösung zur Zeit zufrieden zu geben – und manchmal «Mut zur Lücke».

Was bedeutet das im Kontext des OODA-Loops? Anstatt ihn als linearen Prozess durchlaufen zu lassen, wiederholen wir ihn mehrere Male hintereinander. In der Software-Entwicklung hat sich mit dem «agilen Vorgehen» genau diese Arbeitsweise etabliert: Die Arbeit wird in sogenannte Sprints aufgeteilt. Die Dauer des Sprints definiert den Takt, und jeder Sprint muss ein

Stück lauffähige Software hervorbringen, die dann Sprint für Sprint verbessert und erweitert wird.

Längst hat sich «agiles Vorgehen» zum Schlagwort entwickelt und seinen festen Platz im Management Bullshit Bingo eingenommen. Mit dem OODA-Loop rufen wir uns den ursprünglichen Sinn von Agilität in Erinnerung:

Wir iterieren den OODA-Loop, weil wir in einer komplexen Welt mit unvollständigen und ungewissen Informationen leben. Der Takt muss an die Zeitverhältnisse, innerhalb derer neue Informationen verfügbar werden, angepasst sein: Es nützt nichts, die Zeit mit Lagemeetings alle zwei Stunden zu verschwenden, nur um festzustellen, dass sich seit dem letzten Meeting nichts getan hat.

3.9 Organisationen sind im Fluss

Der OODA-Loop ist ein Modell – und wie bei jedem Modell zählt nicht, ob es wahr ist, sondern ob es nützt (Kapitel 1.1). Deshalb passen wir ihn – wie oben beschrieben – an die jeweilige Organisation an. Es ist allerdings noch nicht damit getan, die Traktandenliste der Meetings (Kapitel 3.7) und die Geschwindigkeit der Iteration (Kapitel 3.8) passend zu wählen.

Organisationen sind stets im Wandel und ebenso ihr Umfeld. Das betrifft auch die Verfügbarkeit und Qualität von Informationen. Der OODA-Loop soll in einem solchen Kontext Stabilität garantieren. Gleichzeitig scheint ausgeschlossen, dass ein Loop auf Dauer unverändert bestehen kann. Was sollen wir also tun: den Loop einfach laufen lassen – oder ihn laufend neu justieren?

Wie so oft im Führungsalltag liegt die Wahrheit in der goldenen Mitte: Zu häufige Anpassungen führen zu Verwirrung, zu seltene Anpassungen vergrössern das Risiko, dass wir an der

Realität vorbei führen. Eine so allgemeine Antwort mag wenig befriedigen, aber eine bessere kennen wir nicht. Stattdessen schauen wir uns zwei Beispiele an, die uns bei einem organisationsspezifischen Verständnis des OODA-Loops weiterhelfen.

3.9.1 Immer und immer die gleichen Erklärungen

Es ist menschlich, dass wir uns im Arbeitsalltag auf bekannte Muster oder Modelle stützen. Dabei vergessen wir manchmal nicht nur *weshalb*, sondern sogar *dass* wir diesen Modellen folgen. Das gilt für den OODA-Loop wie für jedes andere Modell auch. Deshalb ist entscheidend, dass wir nicht nur *im* Modell klar denken, sondern auch *das* Modell selbst reflektieren und für alle verständlich machen. Das mag für viele Organisationen ungewohnt sein, ist aber Exploration auf einer übergeordneten Ebene (Kapitel 1.5): Wir arbeiten nicht nur in der Organisation, sondern auch an der Organisation.

Dazu gehört durchaus auch ein Hinterfragen der bestehenden Abläufe: «Sind wir sicher, dass das System die richtigen Daten liefert?» – «Was haben wir jetzt genau entschieden?» – «Ich weiss immer noch nicht genau, was für Beiträge von mir gefordert sind für die Lagemeetings.» Solche Aussagen sind selten Ausdruck von Widerstand gegen den OODA-Loop. Viel häufiger spiegeln sie die ehrliche Verwirrung der Menschen. In solchen Fällen kann es sich lohnen, am Modell selbst zu arbeiten. Dabei kann ausreichend sein, die Abläufe zu besprechen und so sichtbar zu machen. Oder es kann erforderlich sein, sie grundlegend anzupassen.

3.9.2 Verschiedene Probleme – verschiedene Loops

Der OODA-Loop ist – wie der Name sagt – ein Kreislauf. Zwar beginnen wir intuitiv bei *Observation*, dem ersten Schritt im OODA-Akronym, doch wir haben das Buch so aufgebaut, dass wir bei der *Orientation* (Kapitel 2.1) ansetzen. Was gilt nun? Die Antwort dürfte nicht überraschen: Es kommt auf das Problem an.

Treten wir an ein Problem heran, bei dem es um Leben und Tod geht, müssen wir manchmal mit der *Action* (Kapitel 1.6.4) beginnen – im Sinn von einer unmittelbaren Handlung im Chaos (Kapitel 1.1): Einstudierte Sofortmassnahmen sichern das Überleben. Das können bei einem Verkehrsunfall lebensrettende Sofortmassnahmen sein, in einem militärischen Kontext die Sofortaktionstechnik, wenn eine Gruppe in einem Hinterhalt gerät. Erst nach der ersten, lebensrettenden Handlung können wir beginnen, unsere Umgebung zu beobachten (*Observation*), uns ein Bild der Lage zu machen (*Orientation*) und schliesslich einen Entscheid (*Decision*) zu fällen, um uns aus der misslichen Lage zu befreien. Das Durchlaufen des OODA-Loops in einer solchen Notsituation dürfte einiges rascher ablaufen als im Fall von Lukas und seinen Problemen; die Prozessschritte sind allerdings die gleichen.

Am anderen Ende des Spektrums stehen strategische Probleme. Wohin soll sich unsere Firma in zwei bis drei Jahren bewegen, wie steigern wir die Profitabilität nachhaltig? In diesem Fall starten wir den OODA-Loop im zweiten Schritt (*Orientation*) und verwenden auch einen Grossteil der Zeit für diesen Schritt. Haben wir uns einmal für eine strategische Richtung entschieden (*Decision*), wird die Umsetzung der Strategie (*Action*) und deren Überwachung (*Observation*) mit einem langfristigen Takt, dafür über Jahre hinweg, stattfinden. Beobachten wir jedoch während der Umsetzung ein Ereignis, das eigene Überlegungen und gezieltes Handeln erfordert – ohne gleich die ganze Strategie zu hinterfragen –, kann dies einen eigenen OODA-Loop auslösen. Dieser beginnt mit der Beobachtung (*Observation*) und wird idealerweise sogar in einem Lagemeeting angestossen.

4 Leadership: der Mensch

Mittwoch war ein regnerischer Oktobertag. Vor zwei Jahren hatten Lukas und Emma bei *Eonify* Fred als Entwickler eingestellt. Fred war technisch hervorragend und brachte – was bei *Eonify* niemand hatte – Erfahrung aus einem der grossen Consultinghäuser mit, weshalb er über den ganzen Industrie- und Dienstleistungssektor Erfahrungswerte hatte, was gängige Cybersecurity-Lösungen betraf.

In diesen zwei Jahren war die Zusammenarbeit aber manchmal schwierig. Fred hat ab und zu Deadlines und vereinbarte Termine verpasst – intern wie extern. *Eonify* hat versucht, das mit cleveren Prozessen aufzufangen, und mehrheitlich ist das auch gelungen. Emma konnte ihn erfolgreich überzeugen, einen – letztlich leider wenig wirksamen – Kurs für Selbstorganisation zu absolvieren. Eine nachhaltige Verhaltensänderung blieb dennoch aus.

Am Mittwoch ist es eskaliert. Lukas wies Fred darauf hin, dass der neuerlich verpasste Kundentermin dramatischen Einfluss auf das Geschäft hat. Er wollte ausführen, dass es zur DNA von *Eonify* gehört, als vertrauenswürdiger und seriöser Partner wahrgenommen zu werden. Fred hat das nicht gut aufgenommen und sich gestört daran, dass man auf diesem einzelnen Punkt herumhackt – dabei seien doch seine Effizienz und Produktivität erwiesenermassen höher als bei allen anderen von *Eonify*. Und doch reiten sie jetzt auf einem Termin rum. Lukas' Vorwurf:

«Weisst du, wir können einfach nie mit dir rechnen, weil die Verlässlichkeit völlig fehlt», hat er als persönlichen Angriff wahrgenommen.

Lukas weiss nicht, ob er die Situation noch reparieren kann und will mit Emma diskutieren, ob sie sich von Fred trennen sollten.

4.1 Der Mensch steht im Zentrum. Steht er also im Weg?

Führungsfragen drehen sich letztlich immer um Menschen. Es sind Menschen, die führen, und ebenso Menschen, die geführt werden. Aus dieser banalen Erkenntnis erwächst ein grosses Spektrum von kleinen und grossen Herausforderungen. Kluge Problemerfassungen und eingespielte Abläufe alleine genügen nicht für den Organisationserfolg. Weil es am Schluss Menschen sind, die Wirkung entfalten, müssen Führungskräfte einerseits Menschen und ihre Stärken und Schwächen verstehen, und andererseits einige Werkzeuge beherrschen, um bestimmte Fehler zu vermeiden und Potenziale zu entfalten.

Lukas' Konflikt mit Fred ist sachlich betrachtet simpel. Ihn zu lösen ist aber sehr anspruchsvoll. Es stehen sich verschiedene Perspektiven (Selbstorganisation als technischer Skill oder als Grundhaltung), Priorisierungen (eine Fähigkeit unter vielen oder ein zentraler Baustein des Marktauftritts) und sogar Wertehaltungen (Verlässlichkeit als zentrale Grundhaltung oder nicht) gegenüber.

Es ist wenig hilfreich, immer wieder zu erwähnen, dass der Mensch im Zentrum steht. Natürlich tut er das. Aber er tut es eben nicht alleine. Wie dieses Handbuch aufzeigt, steht er dort gemeinsam mit einem Auftrag und der ihn umgebenden Organisation. Die eigentliche Herausforderung für Führungskräfte besteht also nicht darin, dem Menschen einfach Sorge zu tragen, sondern die Ansprüche von Menschen und Aufträgen in Einklang zu bringen, und zwar mithilfe von klugen Organisationen.

4.2 Der Mensch im Team

4.2.1 Organizational Culture

Führung findet nicht im luftleeren Raum statt. Die Menschen gestalten ihr Umfeld und damit die Gesellschaft, die Gesellschaft wiederum beeinflusst die darin vorkommenden Organisationen und deren Mitglieder. Ob Familie, Firma, Verein, Kirche oder Behörde – im Kern sind alle Organisationen Menschengruppen, die sich üblicherweise durch einen gemeinsamen Auftrag (zum Beispiel die Produktion von Melodic Punk in Zürich, den gewinnbringenden Verkauf sicherer IT-Systeme oder – im Fall der Familie – das gemeinsame Leben) und mehr oder weniger definierte Struktur auszeichnen.

Diese Organisationen entwickeln eigene Organisationskulturen, nach dem einflussreichen Denker Edgar Schein:[41]

> (...) ein Muster gemeinsamer Grundprämissen, das die Gruppe bei der Bewältigung ihrer Probleme (...) erlernt hat, das sich bewährt hat und somit als bindend gilt; und das daher an neue Mitglieder als rational und emotional korrekter Ansatz für den Umgang mit Problemen weitergegeben wird.

Aus dieser Definition wird deutlich, warum die Organisationskultur für unser Führungsverhalten relevant ist: Erstens, weil diese Grundannahmen sich als Grundlage für die Problemlösung bewährt haben (und daher immer wieder angewendet werden) und zweitens, weil diese Annahmen von den Mitgliedern der Organisation stetig weitergegeben werden.

Daraus ergeben sich für Führungskräfte drei wesentliche Konsequenzen. Erstens, und dieser Schritt ist im Sinn der individuellen und kollektiven Selbstwahrnehmung häufig unterschätzt, können wir uns aktiv darum bemühen, diese Grundprämissen zu *verstehen*, um die eigenen Handlungen sinnvoll zu reflektieren. Zweitens können wir versuchen, diese Annahmen zu *beurteilen*, um festzustellen, ob sie uns rational scheinen und ob sie auch dem entsprechen, was wir darstellen und sein wollen. Drittens, und für Führungskräfte vielleicht am bedeutendsten, weil wir hier tatsächlich auch Wirkung auf die ganze Organisation entfalten, können wir versuchen, diese Prämissen zu *beeinflussen*. So nähern wir uns einer Organisationskultur an, die nicht nur widerspiegelt, was wir sind, sondern dem entspricht, was wir sein wollen.

Wesentliche Elemente der Organisationskultur von Lukas' Band *Zurich Voltage* sind Selbstständigkeit und Authentizität. Selbstständigkeit bedeutet in diesem Kontext, dass die Bandmitglieder – ohne dass es je schriftlich festgehalten oder nur schon formal beschlossen wurde – voneinander erwarten, nicht nur musikalisch beizutragen, sondern auch alle organisatorischen Aufgaben selbstständig zu übernehmen. Es gehört zur Kultur, das eigene Equipment instand zu halten und zu den Proben mitzubringen, neue Riffs und Bridges zu Hause zu üben und Gelegenheiten nutzen, die kleine Serie an Band-T-Shirts zu verkaufen. Authentizität zeigt sich darin, dass sich *Zurich Voltage* konsequent weigert, sich dem Umfeld anzupassen – weder kommunikativ (etwa in der Sprache auf der Bühne oder in sozialen Medien), noch visuell (Bühnen-Outfits oder grafische Ästhetik). Alles soll «echt» wirken, roh und ungeschliffen – eben ein bewusster Ausdruck von Punk. All das ist Ausdruck des «Verstehens» organisationaler Kultur.

Zum Schritt des «Beurteilens» gehört es nun, zu klären, ob Selbstständigkeit und Authentizität auch tatsächlich die Prämissen sind, die man selbst vertreten oder verkörpern möchte. Im Fall der Authentizität ist das bei *Zurich Voltage* unbestritten – sie ist Teil des Selbstverständnisses. Die Selbstständigkeit wird ebenfalls weitgehend geteilt. Allerdings gibt es hier Einschränkungen: So wird etwa über fehlendes diszipliniertes Üben zu Hause durchaus hinweggesehen – etwa beim Schlagzeuger, der weniger individuellen Übungsbedarf hat als die anderen und durch seine Arbeit als Grafikdesigner oft zeitlich absorbiert ist.

«Hammer! Das Publikum ist ja voll abgefahren!» Lukas greift zufrieden zu einem Bier. *Zurich Voltage* sitzt im Backstage vom Dynamo – mit dabei: Annina und Max. Für zwei Lieder haben die beiden Handörgeli und «Alphorn» beigesteuert. «Das war ein cooles Experiment», prostet Pesche den beiden zu. Lukas weiss genau, was er damit sagen will: Nur ein Experiment, aber eben nicht Punk in Reinform. Denn der lässt bekanntlich nur Gitarre, Schlagzeug, Bass zu.

Ein Beispiel für «Beeinflussen» zeigt sich in Lukas' Wunsch, die Adaptionsfähigkeit der Band zu erhöhen. Für seine Bandkollegen soll das Experiment nicht weiterverfolgt werden. Lukas bedauert das; er möchte nicht unter dem Banner der Authentizität die Möglichkeit verlieren, sich an Trends und insbesondere dem Publikumsinteresse anzupassen.

4.2.2 Kultur und Haltungen beeinflussen

Als Führungsperson ist es in jedem Fall hilfreich, sich mit der eigenen Organisationskultur auseinanderzusetzen. Noch wichtiger ist es, wenn wir die Möglichkeit haben, unsere Kultur aktiv –

statt zufällig – zu gestalten. Wir werden sie allerdings nie vollständig kontrollieren können – und wahrscheinlich auch nicht wollen. Schliesslich liegt ihr Wert gerade darin, dass sie die Summe der Annahmen aller Mitglieder der Organisation ist und nicht eine zentral festgelegte Grösse.

Die Theorie des sozialen Einflusses (Social Influence Theory) in Herbert Kelmans wegweisender Publikation[42] identifiziert drei wesentliche Prozesse, über die sich individuelles Verhalten an ein soziales Umfeld anpasst. Einhaltung (Compliance), Identifikation (Identification) und Internalisierung (Internalization).

Von *Einhaltung* sprechen wir, wenn Menschen einem Muster nur oberflächlich zustimmen und sich dabei von äusserem Druck oder innerer Gewohnheit leiten lassen. Im passenden Rahmen können dabei durchaus abweichende Haltungen geäussert werden. Lukas zeigt dies beispielsweise dann, wenn er als Fussgänger an roten Ampeln stehen bleibt – obwohl weit und breit kein Auto kommt.

Identifikation zeigt sich dann, wenn Verhalten von respektierten Personen vorgelebt wird. Dies könnte zum Beispiel eine Vorgesetzte sein, ein nahestehender Verwandter, prominente Sportler oder Musiker – oder einfach sonst jemand, den wir mögen. Lukas entkalkt aus diesem Grund regelmässig im Büro die Kaffeemaschine.

Von *Internalisierung* sprechen wir, wenn eine Überzeugung so tief in uns sitzt, dass wir sie privat und öffentlich mittragen, sie mit den eigenen Verhaltensweisen bestätigen und so gleichzeitig nach aussen tragen. Lukas und Emma beginnen ihre Sitzungen stets pünktlich – nicht, weil es jemand verlangt, sondern weil sie beide überzeugt sind: Es ist unanständig – und ineffizient – andere warten zu lassen.

Prozess	Mechanismus der Einflussnahme	Zufriedenheit beim Beeinflussten wird erzeugt durch ...	Basis und Voraussetzung für die Beeinflussung
Einhaltung *Compliance*	Einschränkung der Verhaltensmöglichkeiten	... die Erwartung von Bestrafungen oder Belohnungen	Mittelkontrolle und Überwachung
Identifikation *Identification*	Definition der Rollenanforderung	... die Wirkung der Verhaltensänderung auf die Beziehung	Attraktivität und Nähe
Internalisierung *Internalisation*	Anpassung des Means-Ends-Frameworks	... die Kongruenz mit dem eigenen Wertesystem	Glaubwürdigkeit und Relevanz des Inhalts

Tabelle 12: Drei unterschiedliche Prozesse nach Kelmans Theorie der sozialen Einflussnahme.

4.2.3 Just Culture – und Unjust Culture

Just Culture («gerechte Kultur») bezeichnet ein organisationskulturelles Konzept, das Fehler nicht primär als individuelles Versagen betrachtet, sondern als Folge systemischer Schwächen. Entwickelt von James Reason in den 1990er-Jahren, zielt es darauf ab, eine Vertrauensatmosphäre zu schaffen, in der Mitarbeiter und Mitarbeiterinnen sicherheitsrelevante Vorfälle ohne Angst vor Sanktionen melden können. Dieses Modell unterscheidet zwischen unbeabsichtigten Fehlern, die als Lernchance dienen, und vorsätzlichem oder grobfahrlässigem Fehlverhalten, das wiederum konsequent adressiert wird.

Die Bedeutung von Just Culture zeigt sich in allen Branchen, die von komplexen Prozessen und menschlichen Entscheidungen geprägt sind. In der Gesundheitsversorgung sind etwa vermeidbare Behandlungsfehler ein kritisches Problem, das sich durch offenes Melden und systemorientierte Analysen reduzieren lässt. Eine Just Culture ermöglicht es Organisationen, Risiken proaktiv zu identifizieren und Resilienz aufzubauen, indem sie menschliche Fehler als Symptom zugrunde liegender Systemdefizite betrachtet.

Daraus ergeben sich drei für Organisationen wesentliche Vorteile: Erstens führt kontinuierliches Lernen aus Beinahe-Fehlern («near misses») und Zwischenfällen zu mehr Betriebs- und Produktsicherheit. Zweitens stärkt der faire Umgang mit Fehlern das Vertrauen in die Organisation und fördert die Bereitschaft, Vorfälle zu melden. Drittens werden strukturelle Schwächen identifiziert und können angegangen werden, so zum Beispiel unklare Arbeitsabläufe oder suboptimales Ressourcenmanagement.

Wenn eine Organisation Sicherheit und Zuverlässigkeit als zentrale Prioritäten kennt, dann ist Just Culture ein Schlüsselbaustein. In der Praxis steht diesem Ideal jedoch oft ein Mangel an Ressourcen entgegen. Gerade in kleineren oder ressourcenschwachen Organisationen scheint eine Bestrafungslogik kurzfristig einfacher und günstiger umsetzbar.

Der Aufbau von Just Culture verlangt hingegen klare Regeln und Prozesse – mit dem Ziel, ein ausgewogenes Gleichgewicht zwischen Verantwortung und Lernorientierung zu schaffen. Internationale Beispiele wie die Luftfahrt zeigen, dass dies durch standardisierte Meldesysteme und interdisziplinäre Schulungen gelingen kann.

Gerade im Übergang zur Just Culture kann die Hürde jedoch hoch sein – insbesondere in stark regulierten oder hierarchisch geprägten Organisationen, in denen das Vertuschen von Fehlern aus Furcht vor Konsequenzen tief kulturell verankert ist. Just Culture bedeutet, die Verantwortlichkeit des Einzelnen nicht am Resultat, sondern konsequent an der Absicht zu messen. Dies widerstrebt normalerweise unserem Naturell.

Vor einem Jahr war Lukas im Wiederholungskurs in Walenstadt. Dabei kam es zu einem Vorfall in einer Kurzdistanz-Schiessanlage. Während einer Schiesspause verfing sich die Waffe eines Soldaten in seiner Ausrüstung, worauf sich der Sicherungshebel unbeabsichtigt verstellte. Der Abzug löste sich, und die Waffe feuerte vom Rücken des Soldaten einen Schuss in den Boden ab. Zwei Kameraden in unmittelbarer Nähe mussten sich wegen möglicher Gehörschäden medizinisch untersuchen lassen. Bei einem von ihnen war der Ausgang lange ungewiss.

Sowohl Lukas als verantwortlicher Übungsleiter als auch der Waffenträger wurden in der Folge als Beschuldigte wegen Verstössen gegen die Sicherheitsvorschriften disziplinarisch bestraft: Der Soldat aufgrund seiner Verantwortung als Waffenträger – Lukas aufgrund seiner Verantwortung als Übungsleiter.

Was jedoch nie gefragt wurde: ob möglicherweise die Ausrüstung so konstruiert ist, dass sie unbeabsichtigte Schussabgaben begünstigt – und ob Verbesserungen nötig wären, um solche Situationen künftig zu verhindern. Just Culture hätte genau an dieser Stelle angesetzt: Sie hätte sich auf systemische Mängel konzentriert – und absichtliches oder grobfahrlässiges Handeln hart geahndet.

4.2.4 Vertrauen als heimliche Superpower

Vertrauen ist das Fundament jeder erfolgreichen Führungsbeziehung. Es ermöglicht offene Kommunikation, stärkt die Zusammenarbeit und motiviert Teams, gemeinsam auf Ziele hinzuarbeiten. Ohne Vertrauen können selbst die besten Strategien und talentiertesten Teams scheitern. Ohne Vertrauen, dass unsere Meldungen von Zwischenfällen nicht gegen uns verwendet werden, funktioniert Just Culture nicht. Ohne Vertrauen darin, dass unsere Vorgesetzten so loyal und kompetent sind, dass sie uns nur sinnvolle und machbare Aufträge erteilen, können wir nicht mit voller Energie unseren Tätigkeiten nachgehen. Ohne Vertrauen, dass andere Personen das ihnen anvertraute Wissen nicht missbrauchen, werden wir Informationen für uns behalten, mit negativen Auswirkungen auf die ganze Organisation.

Es gibt also verschiedene Gründe für die zentrale Rolle des Vertrauens in der Führung:

Erstens wird die Zusammenarbeit gefördert. Zahlreiche Studien zeigen, dass Menschen in vertrauensvollen Umfeldern sich mehr engagieren und darum produktiver sind. Zudem reduziert es ihren erlebten Stresslevel (wir kommen darauf in Kapitel 4.3.3 zurück).

Zweitens steigen Loyalität und Treue. Menschen, die ihren Führungskräften und vielleicht sogar der strategischen Führung, die sie selten bis gar nie persönlich sehen, vertrauen, bleiben dem Unternehmen auch in schwierigen Zeiten treu. Das führt zu einer höheren Mitarbeiterbindung und reduziert Fluktuationskosten.

Drittens werden Veränderungsprozesse erfolgreicher. Wenn neue Gegebenheiten zu Unsicherheiten führen, dann hilft Vertrauen, sich diesen anzupassen und sie zu bewältigen.

Viertens schafft Vertrauen Raum für ehrliches Feedback und unterschiedliche Perspektiven, was unmittelbar zu besseren Entscheidungen führt (siehe Kapitel 2.6).

Führungspersonen können das Vertrauen in sie und in die Organisation aktiv stärken. Uns liegen vier Dinge am Herzen:

Erstens Konsistenz und Authentizität: Führungskräfte, die vorhersehbar und zuverlässig sind – in Leistung, Stimmung und Haltung –, schaffen Vertrauen. Menschen erwarten verlässliche Reaktionen auf ihr Handeln, auch bei Fehlern oder unangenehmen Nachrichten. Gleichzeitig lohnen sich Transparenz und Ehrlichkeit: Mitarbeiter schätzen Führungskräfte, die offen kommunizieren und ihre Versprechen halten. Wer hingegen Informationen verzögert, verbirgt oder verfälscht, zerstört Vertrauen.

Zweitens, Vorbild sein. Wir führen durch unser Verhalten. Die absichtlich oder unabsichtlich gezeigten Werte und Standards werden kopiert – im Guten wie im Schlechten. Wir müssen also vorleben, was wir erwarten. Wer zu spät an Sitzungen kommt, lädt damit andere ein, dasselbe zu tun. Wer Fehler zugibt und nicht auf andere abwälzt, fordert damit andere auf, dies ebenso zu tun.

Drittens, persönliche Beziehungen fördern. Nicht alle, die miteinander arbeiten, Militärdienst leisten, Fussball spielen oder zusammen Musik machen, müssen enge Freunde sein. Gemeinsame Geschichten und damit Gelegenheiten für informelle Gespräche stärken jedoch die persönlichen Bindungen. Diese erlauben uns, besser auf die Bedürfnisse der anderen einzugehen, sei es im Hinblick auf die körperliche oder mentale Gesundheit oder in schwierigen persönlichen Situationen. Vertrauen besteht, wenn diese Empathie aufgebaut und dann ehrlich gezeigt werden kann.

Viertens, und ganz zentral im Zusammenhang mit diesem Praxisbuch, das Anwenden der Auftragstaktik, wo immer wir können (Kapitel 1.4). Menschen und Teams bauen Vertrauen auf, wenn sie von der auftraggebenden Stufe möglichst viel Verantwortung und Freiheit bekommen – und dazu noch die Kompetenzen und allfällige gezielte Hilfe. Das Vertrauen wächst so, und zwar in sich selber, aber auch in das System und die Vorgesetzten. Mikromanagement und die permanente Kontrolle zerstören hingegen Vertrauen, und zwar schnell und hart.

Vertrauen ist also ein unverzichtbares Element für erfolgreiche Führung. Es fördert Zusammenarbeit, Loyalität und Veränderungsbereitschaft, während es gleichzeitig die Entscheidungsfindung verbessert. Durch authentisches Verhalten, Vorbildwirkung, persönliche Beziehungen und Auftragstaktik können wir eine Atmosphäre schaffen, die das Wohlbefinden der Mitarbeiter und den Erfolg der Organisation steigert.

4.3 Der Mensch als Individuum

4.3.1 Vorurteile, Fehlwahrnehmungen und Verzerrungen

Wie wir alle wissen, sind Menschen leider (oder zum Glück?) nicht perfekt. Insbesondere wenn es darum geht, Beurteilungen vorzunehmen, arbeitet der Mensch naturgemäss mit vielen Heuristiken (siehe Kapitel 1.1). Erfahrungswerte, Faustregeln, Eindrücke, Intuition und viele andere mögliche Faktoren beeinflussen unseren Blick auf die Realität.

Dies ist keine Schwäche, sondern tatsächlich sogar eine der ganz grossen Stärken des Menschen. Der Mensch hat überlebt, weil er sich so gewisse Muster aneignen kann, die ihm sonst verborgen blieben, und er kann Interaktionen mit seiner Umwelt vornehmen, die die Fähigkeiten des rationalen Geists alleine weit übersteigen.

Heuristiken sind aber nicht fehlerfrei. Das Resultat stellen wir jeden Tag fest, wenn intelligente Menschen sogenannt dumme Entscheidungen treffen. Wahrnehmungsverzerrungen (sogenannte Biases) und Vorurteile (Prejudices) können wir nicht vollständig kontrollieren. Wir können sie aber gezielt reduzieren und so hoffentlich die Auswirkungen in unserem Umfeld minimieren. Dazu müssen wir diese Effekte kennen. Im Folgenden präsentieren wir deshalb eine kurze Aufstellung der – für Führungskräfte – wesentlichsten Biases und ergänzen jeweils einige Gedanken, mit welchen Instrumenten wir diese Verzerrungen reduzieren können.

Bei einem vergangenen Einstellungsgespräch hat Lukas einen Mitarbeiter eingestellt. Beide haben sich in der Bar des bQm an der ETH Zürich kennengelernt. Sie haben festgestellt, dass beide in der Pfadi waren und Gitarre spielen. Aus den gemeinsamen Themen entstand Sympathie, und später hat Lukas angerufen und eine Stelle offeriert. Einige Monate später mussten sie dann wegen ernsthafter Differenzen das Arbeitsverhältnis wieder auflösen.

Die Bevorzugung von Personen, die einem selbst ähnlich sind, ist in der Wissenschaft gut dokumentiert. Wir ziehen im Umgang Menschen, die mit uns in irgendwelchen Dimensionen übereinstimmen, vor und häufig ergibt sich daraus Sympathie. Diese Dimensionen sind vielfach demografischer Natur, etwa Geschlecht, Alter und Herkunft. Sie können aber auch Laufbahn, Abschlüsse, Hobbys, bevorzugte Musik, gemeinsame Sportinteressen oder viele weitere Inhalte umfassen. Dies führt konsequenterweise automatisch dazu, dass Menschen, die in vielen Dimensionen einer Minderheit entsprechen, in solchen Prozessen tendenziell – und unbeabsichtigt – diskriminiert werden.

Der Halo-Effekt gehorcht einer ähnlichen Mechanik. Hier wirken jedoch nicht ähnliche, sondern herausragende Eigenschaften der zu beurteilenden Person. Diese Züge überstrahlen dann andere Eigenschaften. Ein Beispiel hierzu ist ein sportlicher, gepflegter und eloquenter Mitarbeiter. Aufgrund dieser positiven Eindrücke wird er als insgesamt kompetent wahrgenommen – auch wenn seine inhaltlichen Beiträge unterdurchschnittlich sind.

In der Arbeitswelt verhindern wir das mit allen Massnahmen, die personelle Entscheidungen auf mehrere Personen (statt einen Linienchef) verteilen. Dazu gehören strukturierte Interviews, aber auch verhaltensbezogene Fragen in diesen Interviews, die typische Verhaltensmuster sichtbar machen. Im privaten Umfeld ist dieser Bias weitverbreitet. Weil es dort meist nicht um konkrete Leistungserfüllung geht (ein Auftrag) und ohne formale Struktur (Organisation) funktioniert, können wir dies oft vernachlässigen.

Bestätigungsfehler (Confirmation Bias)

Lukas ist der festen Überzeugung, dass knackiger Rock 'n' Roll und Popsongs im Allgemeinen auf der Akkordgruppe Am–C–F–G beruhen. In der letzten Bandprobe entbrannte eine hitzige Debatte zu diesem Thema. Lukas illustrierte seine These mit Beispielen von Pink Floyd, Oasis, den Beatles und Ed Sheeran.

Der Bestätigungsfehler beschreibt die Tendenz, Informationen, die bestehende Überzeugungen stützen, gezielt zu suchen oder unterbewusst zu selektieren. Wenn wir einmal eine Meinung gefasst haben, fällt es uns schwer und bedarf einem hohen Mass an Selbstwahrnehmung, um neue oder gegenteilige Daten dafür zu nutzen, die bestehende Meinung zu kippen. Dieses Phänomen beobachten wir häufig in Debatten, beispielsweise in der Politik, im Büro oder im Bandraum.

Drei Massnahmen helfen, den Bestätigungsfehler zu reduzieren: Erstens können wir zu allen wesentlichen Haltungen aktiv möglichst viele Perspektiven einholen und diese ehrlich mit der eigenen Meinung spiegeln (siehe die Kapitel 4.2.3 zu «Just Culture» und 4.2.4 zu «Vertrauen»). Zweitens können wir mindestens versuchen, eigene leidenschaftliche Meinungen stetig und aktiv zu hinterfragen. Das braucht Selbstdisziplin und Offenheit. Drittens können wir Teams und überhaupt alle Organisationen so bilden, dass ein hohes Mass an Diversität in den relevanten Dimensionen (Alter, Herkunft, Geschlecht, Bildung und Fähigkeiten usw.) vorhanden ist, um ein möglichst hohes Mass an verschiedenen möglichen Meinungen herbeizuführen.

Selbstüberschätzung (Overconfidence Bias)

Im letzten Wiederholungskurs machte Lukas' Kommandant eine kurze Online-Umfrage unter den Unteroffizieren der Kompanie. Er wollte damit die allgemeine Zufriedenheit erheben und eine Übersicht über die vorhandenen Fähigkeiten gewinnen. Unter anderem fragte er anhand einer Skala von «klar unterdurchschnittlich» bis «klar überdurchschnittlich». «Wie schätzt du deine Fähigkeiten als Ausbilder ein?» Von den 18 befragten Leuten befanden sich 14 als überdurchschnittlich.

Der Nobelpreisträger Daniel Kahneman befand in seinem Bestseller *Thinking, fast and slow*[43], dass Selbstüberschätzung, zusammen mit dem eng verwandten Hang zu Optimismus, der wahrscheinlich weitverbreitetste und schädlichste Wahrnehmungsfehler der Menschen ist. Selbstüberschätzung führt zu unrealistischen Kosten- und Zeitschätzungen, zu überoptimistischen Lagebeurteilungen und zu mangelnder Vorbereitung, im Extremfall sogar zu Kriegserklärungen. Nach Kahneman ist dieser Fehler so tief in uns allen drin, dass wir kaum in der Lage sind, ihn zu beseitigen.

Wir können die Auswirkungen aber reduzieren, indem wir eine mindestens teilweise formalisierte Entscheidungsfindung (Kapitel 2.6) vornehmen. Am besten bewährt sich der aktive Einbezug von historischen Daten zu früheren, ähnlichen Szenarien. Natürlich können wir 1918, 1945 oder 1989 zum Schluss kommen, dass es nie mehr Krieg geben wird. Historisch trifft das in Europa aber mehrmals pro Jahrhundert zu. Natürlich kann Lukas die Stunden für das nächste Projekt schätzen und darauf eine Offerte basieren. Historisch weiss aber *Eonify*, dass Projekte meistens drei Mal länger dauerten und drei Mal mehr Geld kosteten; so wäre es weise, dies in die Offerte einzubeziehen.

Versunkene-Kosten-Falle (Sunk Cost Fallacy)

Lukas hat lange an zwei anspruchsvollen Gitarrenriffs gefeilt, die er in einen neuen Song einbauen wollte. Leider wollte es nie richtig klappen und niemand war vom Resultat überzeugt. Mittlerweile sind neun Monate vergangen, und in dieser Zeit hat *Zurich Voltage* mit Firewall of Noise und Noise Liberation Front zwei erfolgreiche Kracher eingeübt. Obwohl der Aufwand für die Vollendung seiner Idee viel höher ist, will er aber nicht aufgeben und experimentiert weiter.

Nach einem gewissen Mass von getätigten Investitionen an Zeit, Geld oder emotionaler Energie fällt es Menschen schwer, aufzuhören. Es liegt in der menschlichen Natur, bereits getätigte Verluste nicht ohne Resultate hinzunehmen. Wenn wir in einer objektiven Beurteilung nach der Hälfte eines Projekts einsehen, dass die Erfolgsaussichten schlecht sind, tendieren wir eher dazu, Umstrukturierungen vorzunehmen oder mehr Ressourcen einzusetzen, statt ernsthaft den Projektabbruch zu prüfen. Je wertvoller die investierten Ressourcen beurteilt werden, desto mehr trifft das zu. Dies ist problematisch, weil sich in der neuen Lage ein Abbruch vielleicht immer noch nicht lohnt, und so noch mehr Ressourcen investiert werden, was die Situation wiederum schlimmer macht. Wir können dies bei Finanzinvestitionen (wenn wir unterdurchschnittliche Portfolios behalten wollen, weil die Investition gross war) beobachten, bei Bergwanderungen (wenn wir in der Hälfte merken, dass wir hinter dem Zeitplan sind und die Hütte eventuell nicht erreichen, aber trotzdem nicht umdrehen wollen), bei sicherheitspolitischen Entscheiden (wenn frühere Opfer als Argument genutzt werden, um militärische

Operationen weiterzuführen – etwa in Vietnam oder Afghanistan) oder in vielen anderen Bereichen des Lebens.

Wir können dies etwas reduzieren, in dem wir versuchen, vorhandenen Fortschritt und zu erwartende Szenarien möglichst objektiv zu beurteilen (siehe *A10 Lageverfolgung – A12 Lagemeeting*), basierend auf aktuellen Daten und Zukunftspotenzial, statt auf vergangenen Investitionen (die schon weg sind). Dies kann ich auch persönlich in meinem Alltag tun, indem ich mich konsequent auf die aktuelle Beurteilung und künftige Entwicklung fokussiere und mich nicht von vergangenen Investitionen in meiner Entscheidung beeinflussen lasse.

Verfügbarkeitsheuristik (Availability Heuristic)

Im September wurde eine Fortune-500-Firma Opfer eines ausgeklügelten Angriffs durch einen Advanced Persistent Threat (APT). Das Ereignis dominierte wochenlang die Schlagzeilen in den entsprechenden Fachmagazinen. Lukas und Emma haben schnell entschieden, dass sich *Eonify* momentan mit einem Schwergewicht von Ressourcen auf die Detektion von APT fokussieren wollen, um ihren Kunden gute Lösungen für ähnliche Fälle anbieten zu können. Wirtschaftlich hat sich das zwar ausgezahlt, denn das Kundeninteresse war tatsächlich vorhanden. Eine spätere rationale Risikoanalyse im Rahmen eines Gesprächs an der Kaffeemaschine hat aber klar gezeigt, dass ihre Kunden als KMUs aufgrund von limitierten sensitiven Daten und der kleineren Grösse eigentlich APTs gegenüber kaum exponiert sind.

Wir treffen nicht nur Entscheidungen basierend auf den verfügbaren Daten, wir entwickeln auch Bauchgefühl und Intuition aufgrund aller Informationen und Erfahrungswerte, die unser Gedächtnis leicht abrufen kann. Deshalb besteht die stetige Gefahr, dass wir die Daten priorisieren, die uns vorliegen und leicht verfügbar sind, und nicht unbedingt die Daten, die für die vorliegende Analyse wirklich wichtig wären. In Schweizer Zeitungen zwischen 2022 und 2025 sind Analysen des russischen Kriegs gegen die Ukraine vor allem von Änderungen in der territorialen Kontrolle und öffentlichen Statements der Entscheidungsträger geprägt. Beides liegt leicht vor und ist ständig verfügbar. Andere Daten wie industrielle Kapazitäten, Lagerbevorratung, innenpolitische Dynamiken oder das Verhalten möglicher Partnernationen wären möglicherweise viel relevanter für die Beurteilung des Konflikts; doch sind sie nur schwer verfügbar.

Auch zur Vermeidung oder Reduktion der Verfügbarkeitsheuristik empfehlen wir drei Massnahmen. Erstens vor jeder Beurteilung eine kurze Analyse vornehmen, welches die wichtigsten Informationen sind, die wir brauchen – ganz unabhängig davon, ob sie verfügbar sind. Zweitens auch bei anspruchsvoll verfügbaren Daten und bei Sekundärdaten nicht zurückschrecken und ganz bewusst umfassende Daten, möglichst von verschiedenartigen Quellen, einholen. Drittens überlegen, ob ich allenfalls Opfer der Verfügbarkeitsheuristik werden könnte. Verschiedene Schritte im OODA-Loop, insbesondere die *A7 Konzeptentwicklung* und *A8 Eventualplanung*, aber auch die *A10 Lageerfassung* unterstützen dabei explizit.

Handlungsfehlschluss (Action Fallacy)

Lukas hat als Zugführer nicht jeden Tag mit dem Bataillonskommandanten zu tun. Zwischen den zwei hat es mit dem Kompaniekommandanten ja noch eine Führungsstufe. Jedes Mal, wenn er den Kommandanten, Oberstleutnant Schellenbaum, aber sieht, ist Lukas beeindruckt. Schellenbaum löst diverse Probleme persönlich und unmittelbar, von fehlendem Material bis zur Rettung einer fast gescheiterten Mobilisierungsübung. Schellenbaum ist ein wahrer Krisenlöser, der unermüdlich arbeitet und auch Personalentscheide im Dienst sofort angeht und löst.

Hier wird Lukas Opfer von dem, was Martin Gutmann als *Action Fallacy* (Handlungsfehlschluss) bezeichnet.[44] Sie kritisiert die verbreitete Annahme, dass wirkungsvolle Führung durch spektakuläre Aktionen in Krisensituationen definiert wird. Solche Problemlöser – zumeist Männer – sind prominent in Geschichtsbüchern und Businessmagazinen zu finden.

Dort, wo Leistung gut messbar ist, sind es jedoch eigentlich nicht jene Leader, die wirklich die besten sind. Häufig ist es viel wirkungsvoller, mit umsichtiger Antizipation und präventivem Handeln sowie mit unscheinbaren Arbeiten im Hintergrund die Grundlagen für den Erfolg zu legen. Das resultiert jedoch weder in guten Geschichten noch in spektakulären Einzelaktionen – sondern «nur» in unauffälligen, aber funktionierenden Organisationen. Henry Ford soll es so ausgedrückt haben: «Enten legen ihre Eier in aller Stille. Hühner gackern dabei wie verrückt. Was ist die Folge? Alle Welt isst Hühnereier.»

Der Vergleich zwischen den beiden Polarforschern Ernest Shackleton und Roald Amundsen zeigt das anschaulich: Zu Shackleton gibt es über 50, fast ausschliesslich positive Filme und Bücher. Dabei hat er sein grosses Ziel, den Südpol, nie erreicht. Auch das andere grosse Polarprojekt seiner Zeit, die Nordwestpassage, hat er nie geschafft, dabei aber das Leben seiner Mannschaft riskiert. Gleichzeitig ist Amundsen beides gelungen. Populäres Vorbild in Vorträgen und modernen Führungsseminaren konnte er aber nie werden. Harvard-Professorin Raffaella Sadun beschreibt daher effektive Führung als unspektakulär: Sie priorisiert stetige Optimierung über dramatische Handlungen und Geschichten.

Diese Erkenntnis ist für heutige Führungskräfte relevanter denn je. Tatsächlich erlangen wirkungsvolle Führungskräfte häufig nicht die Aufmerksamkeit, die sie verdienen, weil wir Menschen spektakuläre Aktionen und knackige Storys mögen. Kluges Handeln im Hintergrund und langfristiges Zielverfolgen ist häufig unsichtbar. Wir sollten also Ausschau halten nach all den Personen, die nicht laut sind und sich nicht in den Mittelpunkt drängen. Das erfolgreichste Krisenmanagement ist jenes, das Krisen vorsorglich verhindert.

4.3.2 Motivation alleine genügt nicht

Die Qualität eines Teams bestimmt massgeblich, wie wir Arbeitsbedingungen erleben – besonders bei repetitiven oder unattraktiven Aufgaben. Studien zeigen: Menschen in stabilen Teams bewältigen sowohl belanglose als auch fordernde Tätigkeiten besser als Einzelkämpfer in prestigeträchtigen Positionen mit dysfunktionaler Dynamik. Der Grund liegt in der kollektiven Widerstandskraft: Teams mit klarer Kommunikation und gegenseitigem Respekt entwickeln eine Art Puffereffekt, der Frustration absorbiert. Schon seit Jahrzehnten belegen Langzeitstudien, dass soziale Netzwerke den gefühlten Stresspegel senken und damit auch zur Produktivität beitragen.[45] Durch regelmässigen Austausch und geteilte Verantwortung entsteht ein Puffer gegen Burn-out, der isolierten Rollen fehlt.

Der grösste Vorteil starker Teams liegt jedoch in ihrer Fähigkeit, Sinn zu stiften – selbst bei scheinbar bedeutungslosen Tätigkeiten. Wenn Menschen gemeinsame Ziele verfolgen und Erfolge feiern, verschiebt sich die Wahrnehmung: Das «Warum» der Arbeit überstrahlt das «Was». Wir wollen nicht Steine aufeinanderschichten, sondern an Kathedralen bauen. Durch diese Haltung steigt nicht nur die Arbeitszufriedenheit, sondern auch die Sorgfalt bei Routinetätigkeiten. Gleichzeitig fördert der kontinuierliche Kompetenzaustausch in intakten Teams langfristige

Entwicklung. Wer von Kollegen lernt, erwirbt nicht nur fachliche Skills, sondern auch soziale Intelligenz – beides entscheidend für die persönliche Entwicklung.

Im Kontrast dazu untergraben toxische Teamdynamiken selbst Traumjobs. Konflikte, Missgunst oder mangelnde Wertschätzung binden mentale Ressourcen, die eigentlich für die Sache nötig wären. Studien aus dem Finanzsektor zeigen: Mitarbeiter in angesehenen Positionen mit schlechtem Teamklima machen 30 % mehr Flüchtigkeitsfehler als Kollegen in wenig attraktiven Bereichen mit harmonischem Klima. Zudem hinterlassen solche Erfahrungen tiefere Spuren: Wer wegen zwischenmenschlicher Spannungen kündigt, braucht im Schnitt über ein Jahr, um das verlorene Vertrauen in Arbeitsbeziehungen wieder aufzubauen.

Thomas Zurbuchen, der ehemalige Wissenschaftsdirektor der NASA und heutige Professor für Weltraumforschung und Raumfahrttechnik an der ETH Zürich, hat es an einem Anlass der Armee – Zurbuchen ist selber Offizier der Schweizer Armee – prägnant zusammengefasst:

> Es ist besser, einen Scheissjob
> in einem Superteam zu haben
> als einen Superjob in einem Scheissteam.

Praktisch bedeutet das: Selbst – oder sogar vor allem – bei unattraktiven Aufgaben lohnt es sich, in Teamkultur zu investieren. Einfache Massnahmen wie tägliche Kurzbesprechungen oder rotierende Verantwortlichkeiten schaffen Verbundenheit. Entscheidend ist, Erfolge sichtbar zu machen – nicht durch formelle Anerkennungssysteme, sondern durch echte Wertschätzung unter Kollegen. Letztlich prägen nicht die Aufgaben selbst unsere Berufserfahrung, sondern die Menschen, mit denen wir sie bewältigen. Wie erfolgreiche Remote-Unternehmen beweisen, können selbst digitale Teams durch diese Haltung Routineaufgaben in gemeinsame Missionen verwandeln.

Trotzdem: Fachliche Fähigkeiten sind unbestritten nötig. Pinguine können leidenschaftlich mit den Flügeln schlagen und sich alle Mühe der Welt geben, aber ihr Körper ist einfach nicht geschaffen zum Fliegen. Aller Leidenschaft und Motivation zum Trotz klappt es nicht. Auch im Berufsumfeld ist bei anspruchsvollen Arbeiten nicht jede Person für jede Tätigkeit geeignet. Das ist gut so, und das macht uns Menschen zu Menschen. Für Wirkung innerhalb der Organisation können wir also die fachlichen Fähigkeiten und die grundsätzliche Eignung nicht isolieren.

4.3.3 Stress und Leistung

Stress gehört zum Arbeitsleben – er beeinflusst die individuelle Leistung wie auch die Teamdynamik. Dabei ist Stress nicht per se negativ. Die Forschung unterscheidet zwei grundlegende Formen von Stress: *Eustress* und *Disstress*. Eustress – also positiver Stress – wirkt motivierend, steigert die Produktivität und fördert kreative Prozesse. Wir erleben ihn, wenn wir Herausforderungen als bewältigbar und sinnvoll wahrnehmen und es dennoch Herausforderungen sind in dem Sinne, dass sie uns stimulieren und Ressourcen aktivieren. Disstress – die negative Form – entsteht hingegen, wenn Anforderungen überwältigend erscheinen und wir das Gefühl von Kontrolle verlieren. Diese Stressform kann zu Erschöpfung, sinkender Leistung und bei wiederholtem oder chronischem Aufkommen zu gesundheitlichen Problemen führen.

Für Führungskräfte ist es entscheidend, diese beiden Formen von Stress zu verstehen und gezielt darauf einzuwirken. Ständiger hierarchischer Führungsdruck ist kontraproduktiv, wenn er als Disstress empfunden wird. Andererseits kann es sinn-

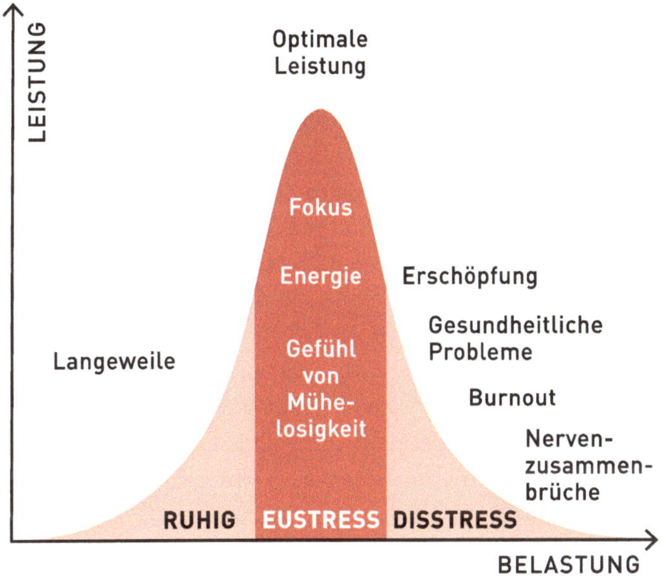

Abbildung 10: Eustress und Disstress.

voll sein, die Anforderungen einer Aufgabe zu erhöhen, um die ausführende Person herauszufordern und zu stimulieren.

Eine Aufgabe von Führungspersonen besteht folglich darin, ein Arbeitsumfeld zu schaffen, das Eustress fördert und Disstress vermeidet. Das bedeutet unter anderem, klare Ziele zu setzen, realistische Erwartungen zu formulieren und Ressourcen bereitzustellen, die es den Mitarbeitenden ermöglichen, ihre Aufgaben erfolgreich zu bewältigen. Gleichzeitig sollten sie darauf achten, Überlastung frühzeitig zu erkennen und gegenzusteuern – sei es durch Umverteilung von Aufgaben, Förderung von Pausen oder offene Gespräche über Belastungsgrenzen.

Ebenso zentral ist die Kommunikation über Ziele und Ausrichtung (siehe Kapitel 2.3). Mitarbeiter fühlen sich weniger gestresst, wenn sie den Sinn ihrer Arbeit verstehen und wissen, wie ihr Beitrag zum Gesamterfolg des Unternehmens passt. Regelmässiges Feedback und Anerkennung können hier einen grossen Unterschied machen. Dazu trägt auch eine Kultur der Offenheit bei, in der über Stress gesprochen werden darf und Lösungen gemeinsam erarbeitet werden können. Umfelder, in denen primär nach transaktionalen Zielen priorisiert wird («dieses Dokument bis morgen» und «das Projekt darf nicht zu spät sein»), tragen ironischerweise dazu bei, dass die Leistungsentfaltung tiefer ist als in Umfeldern, die von aussen als entspannt wahrgenommen werden.

Als Führungskraft sind wir nicht nur Gestalter des Arbeitsumfelds, sondern auch Vorbild. Unser Umgang mit Herausforderungen und Druck prägt die Teamkultur. Natürlich wollen wir unsere Ziele erreichen und setzen auch sehr viel daran, dass dies gelingt (Kapitel 2.2). Gleichzeitig sollten wir vorleben, dass es in Ordnung ist, auch einmal Grenzen zu ziehen und die langfristige Leistungsfähigkeit zu erhalten. Dies hat nichts mit Faulheit oder Nonchalance zu tun – und wir können dazu auch auf Modebegriffe wie Work-Life-Balance verzichten. Fakt ist: Die meisten Organisationen verbringen viel zu viel Zeit mit dem Einfordern von Resultaten, die für den Gesamterfolg eigentlich unwesentlich sind.

Schliesslich ist das Wohlbefinden der Menschen in einer Organisation nicht nur eine Nettigkeit, sondern eine ethische, rechtliche und moralische Pflicht – Führungskräfte tragen eine Fürsorgepflicht. Wir dürfen die Mitarbeiterinnen nicht fahrlässig einem Arbeitsumfeld aussetzen, das sie schädigt; ganz abgesehen davon, dass unzufriedene oder gesundheitlich eingeschränkte Leute letztlich die Leistungsfähigkeit der Organisation herabsetzen.

5 Zu guter Letzt

5.1 Wahres und Falsches

Führungskräfte stehen vor einer Vielzahl komplexer Herausforderungen. Die Welt, in der wir agieren, ist geprägt von Unsicherheit, raschen Veränderungen und widersprüchlichen Anforderungen. In solchen Situationen ist es selten eindeutig, was richtig ist – zu viele Variablen, zu viele Interessenlagen, zu viele unbekannte Faktoren. Darum ist die Orientierung wichtig, Sense-Making, Diversität, Achtsamkeit auf Biases und die Möglichkeit zur Korrektur. Dasselbe gilt für Handbücher und Ratgeber, so auch dieses Buch. Was wirklich funktioniert und hilfreich ist, ist häufig unklar.

Hingegen ist häufig eher klar, was sicher falsch ist, was sicher nicht funktioniert. Fehler, Verstösse gegen ethische Prinzipien, schlecht funktionierende Prozesse und Werkzeuge oder destruktive Verhaltensweisen – sie sind leichter zu erkennen und bieten eine Art «rote Linien», die nicht überschritten werden sollten. Diese Klarheit im Falschen hilft, Orientierung zu schaffen, wenn die Lage unübersichtlich ist. Wer als Führungskraft konsequent vermeidet, das Offensichtliche falsch zu machen, schafft eine stabile Grundlage für Entscheidungen und gibt dem Team Halt. Wenn wir das offensichtlich Falsche schon einmal vermeiden können, dann schaffen wir die Ausgangslage, um uns kontinuierlich dem Richtigen annähern zu können.

Der OODA-Loop betont, dass Orientierung kein einmaliger Akt ist, sondern ein fortlaufender Prozess: Wir beobachten, wir schätzen ein und orientieren, wir entscheiden und wir handeln. Dabei sehen wir ausdrücklich vor, nach jeder Handlung wieder neu zu beobachten und zu bewerten – und dabei Fehler zu erkennen und zu korrigieren. Denn Fehler sind unvermeidlich, wenn es keine eindeutigen Lösungen gibt. Die Kunst guter Führung besteht dann darin, Fehler schnell zu erkennen, offen damit umzugehen und den Kurs zu korrigieren. Das bedeutet auch, sich und dem Team zuzugestehen, nicht immer alles richtig zu machen – aber konsequent das Falsche zu vermeiden und aus Fehlern zu lernen.

Orientierung in der Komplexität entsteht also nicht durch starres Festhalten an einer vermeintlich «richtigen» Lösung, sondern durch die Fähigkeit, sich auszutauschen, Fehler zu erkennen und zu korrigieren. Dasselbe gilt für dieses Buch. Wir erheben keinen Anspruch, alles zu wissen oder ausschliesslich richtige Methoden und Konzepte zu vermitteln. Durch konsequenten Ausschluss von allem, was offensichtlich falsch ist, soll das Buch aber trotzdem ein Markstein sein in der konstanten Annäherung an etwas, was «richtig» ist. Solange es als Wegweiser hilfreich und als Werkzeug nützlich erscheint, haben wir unser Ziel mit diesem Buch erreicht.

Dies sollten wir verinnerlichen, wenn wir führen. Wir vermeiden das erkennbar Falsche, aber wir bleiben (hoffentlich) demütig und bescheiden genug, um zu wissen, dass alles, was wir tun, deswegen noch nicht automatisch richtig ist.

5.2 Ein zivil-militärischer Disclaimer

Führung, Führungsforschung und Führungsausbildung sind in militärischen Umfeldern nichts Neues. Die alte Führungsweisheit «Verlange nichts von deinen Leuten, was du nicht selber tun würdest» stammt von Xenophons autobiografischer Erzählung des griechischen Rückzugs aus Persien um 401 v. Chr. Militärische Organisationen haben in ihrer Suche nach wirkungsvollen Konzepten zur Steuerung von grossen Menschengruppen, also «Führung», schon vor der Geburtsstunde der Managementliteratur einige Jahrhunderte Erfahrung gesammelt. Wir sehen militärischen Einfluss in zahlreichen Beispielen des zeitgenössischen Managementvokabulars: von Strategien und Divisionen über Operationen und Stabsorganisationen bis zu neueren Begriffen wie Guerilla-Marketing und Business Wargaming.

Gegenüber anderen Büchern weist dieses Handbuch eine explizite militärische Dimension auf: Wir Autoren wurden durch unsere Tätigkeiten als Milizoffiziere in unserer eigenen Führungserfahrung von militärischer Ausbildung und Erfahrung, wenn nicht geprägt, dann mindestens beeinflusst. Dies führt dazu, dass einige Konzepte dieses Handbuchs sehr deutliche Ähnlichkeiten zu militärischen Konzepten, sei es der Schweizer Armee oder aus anderen Streitkräften, aufweisen. Andererseits haben wir in zivilen Umfeldern mehr Führungsaufgaben wahrgenommen als in der Armee. Wir haben kumuliert zwei Firmen und vier Vereine, aber keinen militärischen Verband gegründet, länger Projekte geführt als Kompanien, mehr Pfadilager organisiert als Stabskurse, und mehr Debatten in Bandproberäumen[46] geführt als in Bunkern.

Es zeichnet die Schweizer Miliz aus, dass Erfahrungen zwischen diesen Welten stets in beide Richtungen fliessen. Entsprechend lassen sich die zivilen Erkenntnisse dieses Buchs auch in militärischen Umfeldern anwenden. Weil wir Teile des militärischen Führungshandwerks als Inspiration genutzt haben, finden sich viele unserer Inhalte bereits in der einen oder anderen Form in den militärischen Führungsreglementen. Dieses Handbuch soll jedoch breitere Bedürfnisse abdecken und Grundlage sein für Führungsarbeit in jeglichem Kontext.

Kurzum: Es gibt keine militärische und zivile Führung. Es gibt nur Führung. Rund um und entlang von Aufträgen, von und mit Menschen, in und mit Organisationen.

5.3 Der Anfang ist nah

Am Ende eines Führungshandbuchs steht nicht der Abschluss, sondern ein Übergang. In der Führung wie im Leben verlaufen Prozesse selten linear. Vielmehr sind sie zyklisch: Auf jede Aktion folgt eine Reflexion, aus jeder Auswertung erwächst die nächste Initiative. «Der Anfang ist nah» macht deutlich, dass jeder Abschluss den Keim eines neuen Anfangs in sich trägt.

Rückblicke sind mehr als blosse Bestandsaufnahmen. Sie sind die Grundlage für Ausblicke, denn nur wer versteht, was war, kann gezielt gestalten, was kommt. In der Praxis bedeutet das: Nach jedem abgeschlossenen Projekt, nach jedem Meilenstein im Team oder in der Organisation, sollte die Nachbearbeitung einen festen Platz haben. Reflexion ist kein Selbstzweck, sondern ein strategisches Führungsinstrument. Sie hilft, Erfolge zu sichern, Fehler zu erkennen und daraus zu lernen – und damit die Voraussetzungen für nachhaltige Weiterentwicklung zu schaffen.

Die Nachbearbeitung von Aktionen – ob im Rahmen von Feedbackgesprächen, *Lessons Learned Workshops* oder strukturierten *After Action Reviews* – ist mehr als ein Abschlussritual. Sie ist der Startpunkt für die nächste Etappe. Wer als Führungskraft die Nachbearbeitung vernachlässigt, verschenkt

Potenzial: Erkenntnisse bleiben ungenutzt, Entwicklungsmöglichkeiten werden übersehen. Umgekehrt ermöglicht eine konsequente Nachbereitung, Prozesse zu optimieren, Kompetenzen zu stärken und Teams auf kommende Herausforderungen vorzubereiten.

Führung bedeutet, zyklisch zu denken und zu handeln. Handeln, beobachten, orientieren, entscheiden – diese Führungsfunktionen sind keine einmaligen Aufgaben, sondern wiederholen sich in jedem neuen Zyklus. Jede abgeschlossene Phase ist der Auftakt für die nächste. Wer dies verinnerlicht, bleibt beweglich, lernfähig und wird sich an Veränderungen anpassen können.

Das Ende dieses Handbuchs ist darum bewusst als Anfang gestaltet. Es hat nicht den Anspruch auf Richtigkeit, auf Endgültigkeit oder auf Perfektion. Es lädt vielmehr dazu ein, das Gelernte immer wieder anzuwenden, zu überprüfen, anzupassen und weiterzuentwickeln. Führung ist nie abgeschlossen – sie ist ein fortwährender Prozess, in dem jeder Rückblick zum Ausblick wird und jede Nachbearbeitung die Basis für neue Erfolge legt. So bleibt der Anfang stets nah.

Es ist klirrend kalt am frühen Abend der Silvesternacht. Lukas freut sich, nach einem sonnigen Skitag mit Sofia nun auf der Terrasse der Ferienwohnung im Engadin zu stehen und auf einen erfolgreichen Abschluss des Jahres anzustossen.

Gemeinsam blicken sie zurück und erzählen sich gegenseitig die Jahreshighlights. Sofia will sich – nicht nur fachlich – weiterentwickeln und liebäugelt mit einer Bewerbung bei Médécins sans Frontières. Lukas wägt ab, was das für ihn persönlich und für beide als Paar bedeuten könnte. Gleichzeitig ist er noch unsicher, ob er auf das Gespräch mit dem Bataillonskommandanten im letzten WK zurückkommen sollte und tatsächlich die Ausbildung zum Kompaniekommandanten antreten soll. Und Sofia ist sowieso grossartig. Sollte er sie vielleicht heiraten?

Er freut sich, dass Sofia lächelt und ihn in ihre Pläne einbezieht. Die Gespräche sind spannend, und er ist froh, dass sich für den Moment alles zum Guten gewendet hat. Seine Pendenzenliste ist immer noch voll, die Herausforderungen bei *Eonify* allgegenwärtig, und *Zurich Voltage* macht zwar Spass, ist aber auch ein immenser Stressor. Alles fühlt sich an diesem Abend gut an. Selbst die anstehenden Arbeiten ringsum fühlen sich heute gut an.

Draussen schlägt es Mitternacht. Ein neues Jahr beginnt.

Anhänge

Danksagung

Es wäre vermessen zu glauben, ein Buch wie dieses liesse sich durch drei Autoren allein realisieren; wie bei Lukas Weber funkte auch bei uns das Leben dazwischen. Medizinische Notfälle in der Familie, zwei Tage ohne Elektrizität in den tief verschneiten Schweizer Bergen und kurzfristige Auslandseinsätze lehrten uns, dass Zeitreserven auch bei einem Buchprojekt unabdingbar sind.

Unser Dank gilt deshalb in erster Linie unseren Ehefrauen und Kindern. Sie haben diese Störungen mit Geduld, Humor und grosser Unterstützung aufgefangen. Dieses Buch trägt nicht nur unsere Handschriften, sondern auch die stillen, entscheidenden Spuren unserer Familien.

Führung ist ein praxisorientiertes Handwerk. Was wäre ein praxisnahes Buch ohne die vielen guten wie schlechten Beispiele von Führung, die wir im Laufe unserer Laufbahnen erfahren durften? Wir danken den Chefinnen und Chefs, die uns durch ihr Vorbild gefördert und geprägt haben – und auch jenen, die uns, wenn auch unbeabsichtigt, gezeigt haben, wie Führung nicht funktioniert.

Schliesslich danken wir all jenen Kolleginnen, Freunden, Kursteilnehmerinnen und Studenten, die uns in zahlreichen Diskussionen angeregt und unterstützt haben – und all jenen, die uns noch ihr Feedback geben werden; denn dieses Buch sehen wir, wie Führung selbst, als einen andauernden Lernprozess.

Auswahlbibliographie

Boyd, J. R. (1987). *A discourse on winning and losing*. Verschiedene Präsentationen, frei zugänglich unter www.colonelboyd.com.

Bussgang, J. (2017). *Entering startupland*. Boston, MA: Harvard Business Review Press.

Coram, R. (2002). *Boyd: The fighter pilot who changed the art of war*. New York, NY: Little, Brown.

Enzensberger, H. M. (2010). *Hammerstein oder der Eigensinn: Eine deutsche Geschichte*. Frankfurt am Main: Suhrkamp.

Kahneman, D. (2011). *Thinking, fast and slow*. New York, NY: Farrar, Straus and Giroux.

Mattis, J. N., & West, B. (2019). *Call sign chaos: Learning to lead*. New York, NY: Random House.

McChrystal, S. A., Collins, T., Silverman, D., & Fussell, C. (2015). *Team of teams: New rules of engagement for a complex world*. New York, NY: Portfolio/Penguin.

Richards, K. (2011). *Life*. London: Weidenfeld & Nicolson.

Staffelbach, B. (2021). *HRM basics: Zentrale Arbeitsfelder und Theorien im Personalmanagement* (2. Aufl.). München: Franz Vahlen.

Steiger, R. (2023). *Menschenorientierte Führung: 22 Thesen für den Führungsalltag* (20. Aufl.). Frauenfeld: Huber.

Weick, K. E. (1995). *Sensemaking in organizations*. Thousand Oaks, CA: Sage.

Anmerkungen

1 Zuweilen wirkt die Sprache dieses Buchs locker; und tatsächlich wollen wir in lebensnahen Beispielen aufzeigen, wie Führung gelingen kann. Wo immer möglich, halten wir uns aber an wissenschaftliche Konzepte. Basteln («bricolage») etwa ist tatsächlich eine Problemlösungsstrategie, siehe Mateus, S. und Sarkar, S. (2024). Bricolage – a systematic review, conceptualization, and research agenda. *Entrepreneurship & Regional Development*, 1–XX. https://doi.org/10.1177/14657503241245610.

2 Box, G. E. und Draper, N. R. (1987). *Empirical model-building and response surfaces.* John Wiley & Sons, S. 424.

3 Stacey, R. D. (2007). *Strategic management and organisational dynamics: The challenge of complexity to ways of thinking about organisations.* Pearson education, 2. Auflage.

4 Snowden, D. J. und Boone, M. E. (2007). A leader's framework for decision making. *Harvard Business Review, 85*(11), S. 68.

5 Wegmann, R. und Hofstetter, P. (2023): Wir können Corona viel besser, wenn wir üben. In Meyer, M. (Hg.). *Krisenmanagement Schweiz. Unter Mitwirkung von u. a. Georg Häsler, Patrick Hofstetter, Bruno Staffelbach und Kaspar Villiger.* NZZ Libro.

6 «With your bitch slap rappin' and your cocaine tongue».

7 Taleb, N. (2005). *The black swan: Why don't we learn that we don't learn.* New York: Random House.

8 Lateinisch *perfectus*: vollkommen, vollendet.

9 Fischer, T., Dietz, J. und Antonakis, J. (2024). A fatal flaw: Positive leadership style research creates causal illusions. *The Leadership Quarterly, 35*(3), S. 101771.

10 Zaleznik, A. (1977). Managers and leaders: Are they different? *Harvard Business Review, 55*(3), S. 67–78.

11 Dieser nette Helvetismus ist in etwa vergleichbar mit dem in Deutschland geläufigen «einen Kopf kürzer machen», aber wahrscheinlich eine Spur nachsichtiger und offensichtlich auch weniger gewalttätig.

12 Dieser Nachsatz ist Bestandteil der Definition von Führung im Dienstreglement der Armee, dem zentralen Dokument zu «Führung, Ausbildung und Erziehung» in der Schweizer Armee. Es

handelt sich um eine Verordnung des Schweizerischen Bundesrats und ist deshalb öffentlich einsehbar – und durchaus lesenswert: https://www.fedlex.admin.ch/eli/cc/1995/170_170_170/de

13 Die UK Army Leadership Doctrine aus dem Jahr 2021 verwendet dieselben Begriffe und ist ohne Einschränkung einsehbar. Für Interessierte ein spannendes Dokument über das Führungsverständnis traditionsreicher und weltweit verpflichteter Streitkräfte: army.mod.uk/media/24335/20210923_army-leadership-doctrine-web_final.pdf

14 Tatsächlich geht es auch darum zu erkennen, wann ein Auftrag nicht tragbar und zurückzuweisen ist. Dafür gibt es verschiedene Anlässe; etwa aufgrund ethischer oder rechtlicher Einwände.

15 Bungay, S. (2011). *The art of action: How leaders close the gaps between plans, actions and results.* Nicholas Brealey Publishing, insbesondere das Kapitel auf S. 227–233.

16 Stephen Bungay weist etwa den Aspekt Autorität dem Bereich «Command» bzw. «Direction» zu; in unseren Augen ein Verständnis von Autorität, das einer übertragenen Autorität (etwa bei der «Kommandovergabe») entspricht. Wir würden Autorität viel mehr als ein Konzept verstehen, das auf alle drei Bereiche der Führung wirkt. Friederike Heinzel beschreibt in «Management ist nicht nur Menschenführung» etwa drei Formen der Autorität, die sich klar den drei Führungsbereichen zuweisen lassen: funktionale (Command), personale (Leadership) und positionale (Management) Autorität.

17 Für eine erweiterte Darstellung siehe Hofstetter, P. (2023). Command, Leadership, Management: Ein Thesenpapier zur Führung in der Armee und darüber hinaus. *Stratos 3*(2), S. 126–135.

18 Dies gilt übrigens auch für die Ukraine. Beobachter führen deren taktische Überlegenheit im ersten Kriegsjahr auf die von der NATO übernommene «Auftragstaktik» zurück: Masuhr, N. (2023, 23. Februar). *Die Invasion der Ukraine nach einem Jahr – Ein militärischer Rück- und Ausblick* [Analyse]. Bundeszentrale für politische Bildung – Ukraine-Analysen Nr. 279. https://www.bpb.de/themen/europa/ukraine-analysen/nr-279/518571/analyse-die-invasion-der-ukraine-nach-einem-jahr-ein-militaerischer-rueck-und-ausblick/

19 Der Begriff an sich wurde häufig diskutiert; «Führen mit Auftrag» ist eine Alternative. Wir verwenden jedoch die geläufige Form.

20 Siehe zum Beispiel Chaleff, I. (2009) *The courageous follower: Standing up to & for our leaders* (3. Auflage). San Francisco: Berrett-Koehler und Kellerman, B. (2008). *Followership: How followers are creating change and changing leaders.* Harvard Business Press.

21 Womit wir uns nicht mit allem einverstanden erklären, was der ehemalige CEO von General Electric sagte oder machte; wir beurteilen die Qualität von Zitaten allerdings anhand des Inhaltes und nicht des Absenders.

22 Kochelet 3:7b

23 March, J.G. 1991. Exploration and exploitation in organizational learning. *Organization Science* 2: S. 71–87 sowie March, J.G. 1994. *A primer on decision making: How decisions happen.* New York: Free Press.

24 Der Siebensiech ist die helvetisch-bescheidene Variante des deutschen Tausendsassas.

25 *Nanos gigantum humeris insidentes*, wie Bernhard von Chartres schon vor 900 Jahren demütig erkannte.

26 Osinga, F.P. (2007). *Science, strategy and war: The strategic theory of John Boyd.* Routledge.

27 Boyd, J.R. (1986, December). *Patterns of conflict* [Unpublished briefing slides]. Boyd, J.R. (1996, January). *The essence of winning and losing* [Unpublished briefing slides].

28 Weick, K.E. (1995). *Sensemaking in organizations.* Sage Publications. Weick, K.E. (1988). Enacted sensemaking in crisis situations. *Journal of Management Studies, 25*(4), S. 305–317. https://doi.org/10.1111/j.1467-6486.1988.tb00039.x

29 Schweizerisch für: «Das kann ja heiter werden.»

30 Sinek, S. (2009). *Start with why: How great leaders inspire everyone to take action.* New York: Portfolio; in der deutschen Übersetzung Sinek, S. (2011). *Frag immer erst: warum – Wie Top-Firmen und Führungskräfte zum Erfolg inspirieren.* München: Redline Verlag.

31 «My favorite leadership proverb is: He who thinketh he leadeth and hath no one following him is only taking a walk.» in Maxwell,

J.C. (1993). *Developing the leader within you.* Nashville, TN: Thomas Nelson, Seite 1.

32 Aguilar, Francis J. (1967). *Scanning the business environment.* New York: Macmillan.

Weihrich, Heinz. (1982). The TOWS matrix—A tool for situational analysis. *Long Range Planning, 15*(2), pp. 54–66. https://doi.org/10.1016/0024-6301(82)90120-0

Schweizerische Eidgenossenschaft, Departement für Verteidigung, Bevölkerungsschutz und Sport. (2018). *Führung und Stabsorganisation* 17 (FSO 17). Bern: Schweizer Armee. Verfügbar unter https://www.alexandria.ch/discovery/fulldisplay?vid=41BIG_INST:ALEX&docid=alma9926032305001791

Porter, Michael E. (1980). *Competitive strategy: Techniques for analyzing industries and competitors.* New York: Free Press.

Kotler, Philip, & Keller, Kevin L. (2017). *Marketing management* (15th ed.). Harlow: Pearson.

33 Eine wissenschaftliche Quelle ist allerdings nicht zu finden, weshalb wir auf eine Referenz verzichten. Online-Suchen zeigen jedoch zahlreiche Praxispublikationen auf, die damit arbeiten. Im Gegensatz zum üblicherweise verwendeten Begriff «Umwelt» sprechen wir allerdings von «Umfeld», da in unserem Verständnis die Umwelt Teil des fernen Umfelds ist.

34 Zum Ursprung der Abbildung und für eine Vertiefung siehe Wulf, T., Meissner, P., Brands, C., Stubner, S. (2013). Scenario-based strategic planning: A new approach to coping with uncertainty. In: Schwenker, B., Wulf, T. (Hrsg.) *Scenario-based Strategic Planning. Roland Berger School of Strategy and Economics.* Springer Gabler, Wiesbaden. https://doi.org/10.1007/978-3-658-02875-6_3

35 Urlaub, F. (1998). *Männer sind Schweine* [Song]. Auf *13.* Hot Action Records.

36 Mattis, J.N. und West, B. (2019). *Call Sign Chaos: Learning to Lead.* New York: Random House, S. 42.

37 Clausewitz, C. von. (1980 [erstm. 1832–1834]). *Vom Kriege* (19. Aufl., hg. von Werner Hahlweg). Bonn: Dümmler.

38 Marquet, L.D. (2020). *Leadership is Language: The Hidden Power of What You Say — and What You Don't.* New York: Portfolio / Penguin.

39 Wegmann, R. M. und Schärrer, L. (2020). Outpacing the pandemic? A factorial survey on decision speed of COVID-19 task forces. *Journal of Organizational Effectiveness: People and Performance, 7*(2), S. 191–202.

40 Siehe dazu, insbesondere für den Sicherheitsbereich, Christen, M. und Kneer, M. (2024). Mensch-Maschine-Kooperation im Sicherheitsbereich: Wer ist verantwortlich? *Stratos, 4,* (Sondernr.), S. 67–80.

41 Edgar H. Schein (1985) *Organizational Culture and Leadership. A Dynamic View*, San Francisco etc. (Jossey-Bass), S. 9.

42 Kelman, H. C. (1958). Compliance, identification, and internalization: Three processes of attitude change. *Journal of Conflict Resolution, 2*(1), S. 51–60. https://doi.org/10.1177/002200275800200106

43 Kahneman, D. (2011). *Thinking, fast and slow*. Farrar, Straus and Giroux.

44 Gutmann, M. (2023). *The unseen leader: How history can help us rethink leadership*. Springer.

45 Fisher, C. D. (1985). Social support and adjustment to work: *A longitudinal study. Journal of Management, 11*(3), 39–59. https://doi.org/10.1177/014920638501100304

Frese, M. (1999). Social support as a moderator of the relationship between work stressors and psychological dysfunctioning: A longitudinal study with objective measures. *Journal of Occupational Health Psychology, 4*(3), 179–192. https://doi.org/10.1037/1076-8998.4.3.179

Viswesvaran, C., Sanchez, J. I. und Fisher, J. (1999). The role of social support in the process of work stress: A meta-analysis. *Journal of Vocational Behavior, 54*(2), 314–334. https://doi.org/10.1006/jvbe.1998.1661

46 Dass sich diese in der Schweizer Realität fast ausschliesslich in Zivilschutzräumen befinden, tut hier nichts zur Sache.